# 社会实在的建构

[美] 约翰·R.塞尔◎著
李步楼◎译

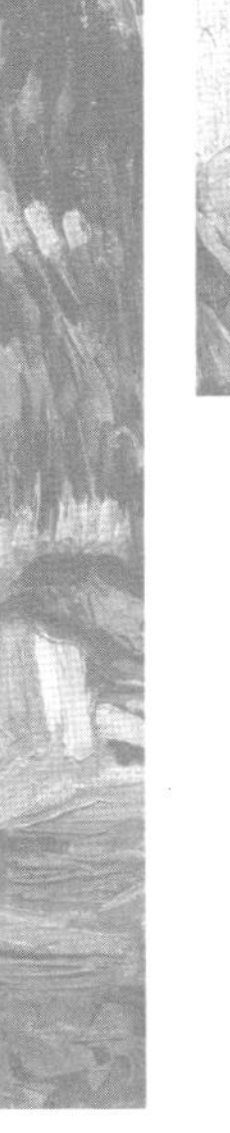

The Construction of Social Reality

上海人民出版社

# 目录

# 致　谢

本书的这些观念，最初的版本是在 1992 年斯坦福大学的伊曼努尔·康德讲座上发表的系列讲演。以后的几种版本就是在约翰·霍普金斯大学的塔尔海默讲座、普林斯顿大学的亨普尔讲座以及在巴黎的法兰西学院发表的系列讲演。这个材料我还在加利福尼亚大学伯克利分校的研讨班上以及奥地利的格拉茨大学发表过。我的几位同事读过这个手稿并作了有益的批评。我特别要感谢肯特·巴赫（Kent Bach）、马丁·琼斯（Martin Jones）、莉萨·劳埃德（Lisa Lloyd）、布赖恩·麦克劳林（Brian McLaughlin）、斯蒂芬·尼尔（Stephen Neale）和尼尔·斯梅尔塞（Neil Smelser）。

除了我上面提到的系列讲演和大学里上的课程以外，我还有机会在美国和欧洲的几所大学对其中的一些观念进行试验。我们经常可以听到人们说当今的智力生活是多么不愉快，但是从我自己的经验来看，我必须说当今时代的一大乐趣就是一个人差不多可以到世界的任何地方，并且用英语向那些富有同情心的、聪明伶俐的、对己有帮助的、深谙分析哲学的听众发表讲演。我从众多的学生、朋友、同事乃至完全陌生的人的评论中获益良多，简直无法形容。只是由于我记不得所有这些作出有益评论的人，因而实际上无法对他们所有的人都一一致谢。在我的确还记得的人当中，我特别要感谢皮埃尔·鲍迪欧（Pierre Bourdieu）、赫尔曼·卡佩伦（Herman Capellen）、休伯特·德赖弗斯（Hubert Dreyfus）、吉尔伯特·哈曼（Gilbert Harman）、罗伯特·哈尼什（Robert Harnish）、曼尼娜·艾萨克斯（Meleana Isaacs）、索尔·克里普克（Saul Kripke）、弗朗索瓦·瑞卡纳蒂（Francois Recanati）、戴维·索萨（David Sosa）和查尔斯·斯宾诺莎（Charles Spinosa）。

在写作这本书的过程中，我受到了特别的照顾和款待。在这方面，我要感谢安·格蒂（Ann Getty）、戈登·格蒂（Gordon Getty）和德鲁·海茵茨（Drue Heinz）。我还要感谢“午夜传奇”和罗申卡维里奥旅行团的所有人，感谢他们宽容我不断地敲击键盘。

特别感谢我的研究助理珍妮弗·胡丁（Jennifer Hudin），本书从基本观念的最初表述到索引的最终制备，每一步都得到了她的帮助。像往常一样，我要向我的夫人达格玛·塞尔（Dagmar Searle）致以最深的谢意，谨以此书献给她。

# 导 言

我们恰好生活在同一个世界，而不是生活在两个、三个或十几个世界中。就我们目前所知道的，这个世界最基本的特征就是像物理学、化学或其他自然科学所描述的那些特征。但是许多现象明显不是物理的或化学的，这些现象的存在使人们产生了困惑。例如，物质世界的一些部分怎么能够以有意识的状态，或以有意义的语言行为存在？使我最感兴趣的许多哲学问题都必须处理这个世界的各个不同部分是怎样直接相互联系的——所有这些部分是怎样首尾一致地联系起来的——我在哲学上所做的许多工作就是研究这些问题的。语言行为理论的部分意图就是要回答这样一个问题：我们是怎样使物理的话语声音变成说的人或写的人所实行的有意义的语言行为？我试图展示的心灵理论很大一部分就是要回答这样的一个问题：心理实在、意识、意向性或其他心理现象的世界怎么会与一个完全由力场中的物质粒子组成的世界相适合呢？本书把这种研究扩展到社会实在：一个由货币、财产、婚姻、政府、选举、足球赛、鸡尾酒会和法庭等构成的客观世界——在这个世界中有一些粒子结合成像我们自己这样的有意识的生物系统——怎么可能在一个完全由力场中的物质粒子组成的世界中存在？

由于这些问题所涉及的是可以被视为各门社会科学基础的问题，所以有的人可能以为这些问题已经在各门社会科学中提出并且已经得到解决，特别是已由19世纪和20世纪前期的那些社会科学的奠基人解决。当然我不是研究这方面文献的专家，但是就我所知，我在本书中所提出的问题在社会科学中还一直没有得到令人满意的回答。我们要大大地感谢19世纪和20世纪初期的伟大的哲学家和社会学家——人们特别会想到韦伯（Weber）、齐美尔（Simmel）、涂尔干（Durkheim）——但是以我对他们著作的了解情况来看，我觉得他们并没有回答这些使我感到困惑的问题，因为他们还没有必要的工具。也就是说，不是由于他们自己的过失，而是他们缺少一种适当的关于语言行为的理论，关于述行式、意向性、集体意向性和规则支配行为等的理论。本书试图利用我和其他学者在研究其他相关问题时所发展起来的方法来回答一组传统的问题。

关于本书的组织结构。主要的论题在本书前半部分即第一章至第五章论述。在这几章中，我试图揭示一种关于社会事实和社会制度本体论的一般理论。主要问题就是，我们是怎样建构一个客观的社会实在的？这几章有一定程度的重复，但是，之所以产生这种情况是因为我为了确保把问题说清楚而不得不一再地谈到相同的依据。在第六章，我试图找出对人类制度的构成性规则的解释力所在，这种构成性规则产生的一个令人困惑的事实就是，有关的当事人通常完全意识不到这些规则。为此，我必须对那些使我们能够应付环境的非意识的、非表征性的性能和能力的“背景”概念加以解释。在这本书起初的草稿中，我用了开头的一章来为实在论进行辩护，对存在一个独立于我们的思想和言谈的实在世界的观念进行辩护，还对真理的符合论概念进行辩护，即我们的真陈述通常为真是由于事物在实在世界中不依赖于这些陈述而独立存在。我认为实在论和真理符合论是任何健全哲学（更不用说任何科学）基本的必要前提，我想说清楚我之所以持这种看法的一些理由。但是原先打算作为比较简短的引言的材料由于自身的内容而扩展了分量，对于这样一些重大哲学问题通常都会存在这种情况。当第一章增至三章时，我决定把所有这些材料移到这本书的后面，以免使我的主要论题失去均衡。第七章和第八章讨论实在论，第九章是对一种真理符合论的辩护。

# 第一章　社会实在的基本构件

## 社会实在的形而上学意旨

本书讨论的是一个困扰我很长时间的问题：实在世界的一些部分，世界中的一些客观事实，只是由人们的同意才成为事实。在某种意义上说，存在着一些只是因为我们相信其存在才存在的事物。我发现像货币、财产、政府等就属这种事物。但是有关这些事物的许多事实不是你的或我的爱好、评价或道德态度的问题。在这个意义上说，它们是“客观”事实。我发现，像我是一个美国公民，我口袋里的这张纸是 5 美元钞票，我的妹妹 12 月 14 日结婚，我在伯克利有一处房产，纽约巨人队赢了 1991 年超级碗橄榄球赛等就属于这样的客观事实。这些事实不同于珠穆朗玛峰接近峰顶处有冰雪或氢原子有一个电子这样的完全不依赖于任何人类意见的事实。几年前我把某些依赖于人们一致同意的事实称为“制度性事实”，以别于非制度性的“无情性”事实。[1]之所以把这种事实称为“制度性事实”，是因为这些事实的存在需要人类的制度。例如，要使这张纸成为 5 美元的钞票，就必须有人类的货币制度。无情性事实则不需要有人类的制度来保证其存在。当然，为了陈述一个无情性事实，我们需要语言制度，但是应当把**所陈述的事实**同**事实的陈述**区别开来。

曾经使我感到困惑的问题就是，制度性事实如何可能？这种事实的结构到底是什么？但是在随后的几年里发生了一些奇怪的事情。许多人，甚至包括其意见深受我尊重的一些人，都争论说全部实在都是某种方式的人类的创造，根本不存在无情性事实，只有依赖于人的心灵的事实。更有甚者，有些人还反对我们关于世界上存在着使我们的陈述为真的事实，这些陈述之所以为真是由于它们与这些事实相符合这样的常识性观念。所以，在我打算回答原来关于社会建构的实在如何可能的问题以后，我还想维护这些问题所依据的与上述意见相反的观点。我要维护的观念认为，有一个完全不依赖我们而独立存在的实在（第七章和第八章）。而且，由于我的研究方法是考察使我的陈述为真、这些陈述与之符合方为真的那些事实的结构，所以我也要维护（一种形式的）真理符合论（第九章）。因此，最后三章论述是对关于实在、表征、知识和真理的某些一般前提的辩护。

在本书的主要论题中（第一章至第六章），我试图回答的一些问题是，由人们一致同意才存在的部分客观实在是如何可能的？例如，如果某种东西只是因为我们相信它是货币它才成为货币，那么我口袋里的这张纸是货币怎么可能是一个完全客观的事实呢？在建构这

[1] J.R.Searle，“What Is a Speech Act”，in Black，Max ed.，*Philosophy in America*（Ithaca，N.Y.：Cornell University Press，London：Allen N.Unwin，1965）；J.R.Searle，*Speech Acts*，*An essay in the Philosophy of Language*（New York：Cambridge University Press，1969）. 这个意义上的“无情性事实”的概念是由 G.E.M. 安斯康姆（G.E.M.Anscombe）提出的，参见 G.E.M.Anscombe，“On Brute Facts”，*Analysis* 18，no.3（1958）。

种事实中语言所起的作用是什么？

为了使你感到这个问题的复杂性，我想从考察普通社会关系的形而上学开始。请思考一下以下的情景。我走进巴黎的一家咖啡厅，在靠边的一张桌子旁的椅子上坐下来。服务员走过来，我便说了一段法语。我说："Un demi，Munich，à pression，s'il vous plaît."（请给我一杯啤酒。）服务员端了一杯啤酒来，我喝完了，在桌上留下一些钱后便离开了。这样一个平平常常的情景，但是它的形而上学复杂性真令人吃惊。如果让康德（Kant）费心来思考这些东西，它的形而上学的复杂性也会使他大吃一惊。[1] 请注意，我们不可能在物理学和化学的语言中抓住我刚才作出的描述的特征。没有任何物理—化学的描述能适合于定义"餐馆""服务员""法语""钱"或者甚至"椅子""桌子"，尽管所有餐馆、服务员、法语、钱以及椅子和桌子都是物理现象。还要注意，上面描述的情景还有一个巨大的、看不见的本体论：服务员给我的啤酒实际上并不归他所有，但他受雇于拥有啤酒的这个餐馆。餐馆应当张贴一张所有服务项目的价目表，即使我从来没有看到这样一张表，也要按表上的价格付账。餐馆的所有者是经法国政府的批准经营这个餐馆的。因此，他遵守了成百上千个规则和规定，而我对这些规则或规定毫无所知。我之所以有资格在那儿用餐，首先只是因为我是一个美国公民，是有效护照的持有者，我是合法地进入法国的。

还要注意，虽然我的描述本意是要尽可能地保持中性，但这种用语还是自动地引入规范的评估标准。服务员可能是能干的或者不能干的，诚实的或者不诚实的，粗鲁的或彬彬有礼的；啤酒可能是

[1]　康德并没有费心去思考这种事物，因为在他那个时代，哲学家们为知识问题所困扰。在很久以后的某个短暂的、荣耀的时刻，他们费心思考语言问题。现在这位哲学家至少应在思考人类文化的某些一般的结构性特征。

酸的、淡的、有滋味的、太热或者完全可口的。餐馆可能是优雅的、精美的、庸俗的或者不入时的，等等。对于桌椅、钱和法语同样可能有不同的评价。

如果我在离开了餐馆以后，又去听一场演讲或者出席一个宴会，那么我所承担的形而上学的意旨范围只会增加了。有时人们会感到奇怪，一个人怎么可能承担这些意旨。

## 不可见的社会实在的结构

我们能够承受这种形而上学负担的一个原因就是社会实在的复杂结构可以说是没有重量而且又是看不见的。儿童在他（或她）将社会实在视为理所当然的一种文化中长大。我们学会了解和使用汽车、浴盆、房产、货币、餐馆和学校，而不会去思索这些东西特有的本体论特征，也意识不到它们有一种特殊的本体论。它们对我们来说似乎像石头、河水和树木一样的自然。如果有什么不同，只不过在大多数情况下，更难的是撇开这些对象的功能把它们仅仅视为自然现象，而不是通过社会所规定的功能来看我们周围的事物。儿童知道去认识行驶的汽车、美钞、整个浴盆，只有通过抽象力，他们才能把这些东西看作具有流线型的金属物质，带有绿的和灰的颜料的纤维素制品或者有搪瓷涂层的盛水的铁质器皿。

复杂的本体论看上去是简单的，而简单的本体论则看上去是困难的。这是因为社会实在是我们为一定目的而创造的，因而显得很容易被我们理解为那些目的本身。汽车是用来驾驶的；美钞是用作薪水、花费和储蓄的；浴盆是用来洗澡的。但是，一旦没有任何功能，那么就回答不了“它是用来干什么的”这个问题，于是留给我们的就是不涉及我们的兴趣、目的和目标而通过事物本身内在的特征来确认这些实物这样一个更艰难的智力任务了。

社会实在的结构是看不见的，这就向分析家提出了一个问题。我们不能只从一种内在的“现象学”的观点描述它对我们显得怎样，因为货币、房产、婚姻、律师和浴盆并不显得具有复杂结构。它们正是本来如此，或者就是显得如此。我们也不能从外在的行为主义观点来描述它们，因为描述涉及金钱、房产等等的人们的公开行为并没有把握到使这种行为得以可能的根本结构。同样，我们也不能像当代认知科学和语言学那样把这些结构描述为各种无意识的计算规则，因为去假设无意识地遵守那些在原则上不可能进入意识的规则，这在逻辑上是不一致的。而且，计算也是我们要尽力加以解释的与观察者相关的一种功能性现象。[1]

如果无论是内在的现象学的观点还是外在的行为主义的观点都是不合适的，那么，到底什么是描述社会实在**结构**的正确态度、正确方法论呢？首先，在本章和下一章我们将用第一人称的意向性词汇试图揭示社会本体论的某些基本特征。接下来在第六章，我将表明，某些（但不是全部）意向论的手段怎样加以解释并最终消除我在另外的地方称之为性能、能力、趋向和倾向的“背景”的。

## 基本的本体论

既然我们的研究是本体论的研究，也就是研究关于社会事实如

[1]　对以下两个论断，即深度的无意识遵守规则的概念是非自洽的，以及计算是与观察者相关的，分别参见 J.R.Searle，*The rediscovery of the Mind*（Cambridge，Mass.，London：MIT Press，1992），第七章和第九章。

何存在的问题，那么，我们需要弄清楚社会实在是怎样与我们的整个本体论相适合的，也就是社会事实的存在是怎样与其他存在的事物相联系的。为了使我们甚至能够提出我们试图回答的问题，我们就必须作出关于**世界在事实上是如何存在**的某种实质性预设。我们将要讨论社会实在如何与更大程度上的本体论相适应的问题。但是，为了能够进行这种讨论，我们必须对这种更大程度上的本体论的某些特征加以描述。

在我们看来，实际上，我们绝大多数的形而上学都来自物理学（包括其他自然科学）。当代自然科学实在概念的许多特征仍然在争论之中，还是问题重重。例如，有人可能认为关于宇宙起源的大爆炸理论是决没有得到清楚证明的。但是我们的实在概念有两种特征并非任何人都可以随意使用。可以说，这两种特征并不是我们这些20 世纪末 21 世纪初的公民可以随意选择的。在我们这个时代，看你是不是一个受过教育的人的衡量条件就是看你是否知道这样两个理论：物质的原子理论和生物的进化论。

由这两个理论产生的实在图景可以粗略地陈述如下：世界完全由那些东西组成，即我们发现那虽不十分精确但可以方便将其描述为粒子的那些实物。这些粒子存在于力场之中并组成种种系统。这些系统的界限是由因果关系确定的。山脉、行星、水分子、河流、晶体和婴儿等等都是这些不同系统的例子，这些系统中有些是有生命的系统。在我们这个小小的地球上，有生命的系统包含大量碳基分子，并大量利用氢、氮和氧。各种类型的生命系统通过自然选择而不断进化，其中有一些逐渐形成了某种细胞结构，特别是形成了能够引起意识并且保持意识的神经系统。意识尽管是某些高级神经系统（例如人脑和大量不同种类的动物大脑）的心理特征，但也是生物的特征，因此也是物理的特征。

随着意识的出现就产生了意向性，即心灵表现自身以外的世界中的对象和事态的这种性能。[1] 并非一切意识都是意向性的，也并非一切意向性都是有意识的。有些意识的形式，并不表示任何事物无指向的忧虑，也存在多种形式的无意识的意向性，例如，相信比尔·克林顿（Bill Clinton）是总统，甚至在我没有去想时也有这种信念。然而，在给定时间有一种意向性的状态与此时此地有意识二者之间虽然没有必然的联系，但这二者之间的一种重要的必然联系就在于，每一种无意识的意向状态至少都是意识所能了解的。* 它是一种可以成为意识的东西。一种无意识的意向状态在原则上一定是容易进入意识状态的。

因此，在这里便有了我们的本体论的梗概。我们都生活在完全由力场中的物质粒子构成的世界中。有些物质粒子组成了种种系统。这些系统中有些是生物系统，生物系统中有些形成了意识。随着意识而来的就是意向性，即有机体向自身表现这个世界中的对象和事态的特性和能力。现在的问题是，在这个本体论中我们如何说明社会实在的存在？

## 客观性与我们当代的世界观

我们的世界观在很大程度上取决于我们的客观性概念以及对客

[1]　我把“意向性”作为专业术语，意指通过它，表象特征是**关于**某种事物或**指向**某种事物的。在这个意义上，信念和愿望都是意向性的，因为为了使我们有一种信念或愿望，我们就必须相信如此这般的情况或者希望如此这般的情况。这样定义的意向性与企图并没有特别的联系。例如，去看电影的企图只是许多意向性中的一种。对意向性的更充分的说明，参见 J.R.Searle，*Intentionality*：*An Essay in the Philosophy of Mind*（Cambridge University Press，1983）。

*　此句前半句“没有必然的联系”指的是逻辑上的无关联，后半句“重要的必然联系”则指的是心理上的联系。——编者注

观的与主观的之间的区别。大家知道，这种区别是一种程度上的差别，但是人们并不经常注意到“客观的”和“主观的”这两者都有几种不同的意思。对我们现在讨论的问题来说，有两种意思是极为重要的，一种是**认识论**意义上的主客观的区分，另一种是**本体论**意义上的。从认识论上说，客观的和主观的是判断的基本属性。当我们认为表示判断的真假不可能被“客观地”解决时，我们经常会说判断是“主观的”，因为判断的真假不单纯是一个事实问题，而且要依赖于作出判断和听到判断的人的某种态度、情感和观点。说明这种情况的例子可以是“伦布朗是一位比鲁宾斯更优秀的艺术家”。在“主观性的”这个意义上，我们把这样一个主观性的判断同“伦布朗在 1932 年居住在阿姆斯特丹”这样的客观性判断对立起来。对于这样的客观性判断来说，使它们成为真判断或假判断的世界上的事实是不依赖于任何人对它们的态度或情感的。在这种认识论的意义上，我们不仅可以说“**客观的判断**”而且可以说“**客观的事实**”。与客观上的真判断相对应的，是客观的事实。从这些例子中应当清楚地看出，认识上的客观性和认识上的主观性之间的区别是程度上的问题。

客观的—主观的区别除了**认识论**上的意义外，还有相关的**本体论**意义。在本体论的意义上，“客观的”和“主观的”是存在物或各种类型存在物的属性，它们属于“存在方式”。在本体论意义上，痛苦是主观的存在物，因为它们的存在方式取决于是否被主体感受到。但是，与痛苦不同，比如山峰在本体论上就是客观的，因为山峰的存在方式不依赖于任何感知者或任何心理状态。

如果我们仔细想一想这样一个事实，则我们可以对于本体论上是客观的东西作认识论上主观的陈述，同样我们对于本体论上是主观的东西可以作认识论上客观的陈述，我们就可以清楚地区分各种差异。例如，“珠穆朗玛峰比惠特纳峰更加美丽”这个陈述是关于本体论上客观的存在物的陈述，但对于这些存在物却作了主观的判断；另一方面，“现在我的腰有点疼”这个陈述则表明了一个认识论上客观的事实，因为使这个陈述为真的是一个不依赖于观察者的任何姿态、态度或意见的实际事实的存在，在这个意义上说它陈述了认识论上客观的事实。然而，实际的疼痛这个现象本身则具有主观的存在方式。

## 世界固有的特征和与观察者相关的特征之间的区别

从历史上看，在我们的理智传统中，我们在身与心、自然与文化之间作了重大的区分。在关于“基本的本体论”这一节中，我默默抛弃了身心关系上传统的二元论观念而赞成心灵只是大脑的一组高级的特征，一组同时是“心理的”和“物理的”特征的观点。基于这样的理解，我们将用“心理的”来表示“文化”是怎样从“自然”中构成的。第一步是引入一个比上述区别更为根本的区别。这就是独立于我们而存在的世界的那些特征和依赖于我们而存在的那些特征之间的区别。

我们在刻画如山峰和分子等基本的本体论时所描述的世界的那些特征是不依赖于我们对它们的表征而存在的。然而，当我们开始进一步确定世界的各种特征时，就发现有些特征我们可以称为是自然所**固有的**，有些特征是**相对于观察者、使用者的意向性**而存在的，这两种特征要加以区分。例如，在我面前的这个对象具有一定的质量和一定的化学成分，这就是这个对象的固有特征。这个对象一部分是由木头组成的，其细胞由纤维素所构成，还有一部分是由金属构成的，这种金属本身又由合金的金属分子所组成，所有这些特征都是固有的特征。但是如果说这样一个对象是一把起子，这个说法也是对的。当我把它描述为一把起子时，我就确定对象与观察者或使用者相关的特征。它之所以是一把起子，只是因为人们把它作为一把起子来使用（或者为了有一把起子而制造它，或者把它作为一把起子来看待）。相对于观察者的世界特征的存在并没有给实在增加任何新的物质对象，但它能够对存在着相对于观察者和使用者的那些特征的实在增加认识论上客观的**特征**。例如，这个东西是一把起子，这是它的一种认识论上客观的特征，但是这种特征只是相对于观察者和使用者而存在着，因而这种特征是本体论上主观的特征。我所说的“观察者和使用者”的意思包括制造者、设计者、所有者、购买者、出卖者以及以其意向性指向这个对象使他（或她）把这个东西看作起子的任何其他人。

由于这个论点很重要而例子很简单，所以我想对这些观点作进一步讨论。

1. 在我面前这个物理对象的完全存在并不依赖于我们对待它的任何态度。

2. 它有许多特征不依赖于观察者或使用者的任何态度，在这个意义上，这些特征是这个对象固有的。例如，它有一定的质量和一定的化学成分。

3. 它还有另外一些只是相对于行为者的意向性而存在的特征。例如，它是一把起子。用一个一般的名称，我就把这种特征称为“与观察者相关的”特征。与观察者相关的特征是本体论上主观的特征。

4. 这种本体论上主观的特征有一些在认识论上是客观的。例如，它是一把起子，这并不只是我的意见或评价。它是一把起子是一个可以在客观上加以肯定的事情。

5. 虽然一把起子的特征是与观察者相关的，而认为某物是一把起子（把它作为一把起子看待，作为一把起子使用等等）则是内在于思想者（对待者，使用者等等）的特征。成为一把起子，这是与观察者相关的，但是，使观察者能够创造这些与观察者相关的世界特征的，是观察者的固有特征。我要对这一观点简短地作些进一步的解释。

一种特征是固有的还是与观察者相关的，这并不总是显而易见的。颜色就是一个很好的例子。在 17 世纪物理学发展以前，人们以为颜色是世界的固有特征。从那以后许多人才开始把颜色看作只是相对于观察者而存在的属性。光照射于物体表面时有不同的散射，这是固有的特征，光作用于人们的视觉系统时引起主观的颜色经验，则是内在于人的特征。但是进一步把颜色属性归于世界中的各种对象则是与观察者相关的，因为只有与观察者在光的作用下所引起的经验相关，才能形成颜色。我在这里并不是试图解决有关颜色的争论，而是要注意这样的一个事实，即一种特征是固有的还是与观察者相关的并不总是明显的。

要掌握这种区别有一个简便易行的方法，就是问你自己：如果从来没有任何人类或者其他各种有感觉能力的生物存在过，这种特征是否能够存在呢？与观察者相关的特征只有与观察者的态度相关才会存在，而固有的特征与观察者毫无关系并且不依赖于观察者而独立存在。对于这种检验方法还必须直接加上一个限定，这就是上文第 5 点所说的，观察和使用的行为本身是观察者和使用者所固有的。因此，粗略地说，某物是一把起子只是相对于有意识的行为者认为它是一把起子这个事实，但有意识的行为者持有这种态度这个事实本身是这些有意识的行为者们固有的特征。由于心理状态无论是有意识的还是无意识的，本身都是世界固有的特征，因此发现世界固有特征的方法就是把全部心理状态从世界中排除出去这种说法严格说来并不是正确的。我们须把说明这种排除的区别重新表达如下：除了有些心理状态本身也是实在固有的特征之外，实在的固有特征是那些不依赖于一切心理状态而独立存在的特征。

以上帝的眼光从世界以外来看，世界的所有特征就都是固有的，包括固有的关系性特征，如我们的文化中人们认为如此这般的对象是起子。上帝不可能看到起子、汽车、浴缸等等，因为从固有特征的角度来看，并没有这样一些东西。更确切地说，上帝会看到我们把某些对象作为起子、汽车、浴缸等来看待。但是从我们的角度来看，即并非从上帝的视角，而是从包括作为积极的行为者的我们在内的这个世界中的生物的视角，我们需要区分以下两种陈述，即把特征归于完全不依赖于我们的态度或姿态的世界的真陈述，以及那些认为所存在的特征仅仅与我们的兴趣、态度、姿态和目的相关的陈述。

在下列几对陈述中，第一个是陈述有关一个对象的**固有的**事实，第二个是陈述有关同一个对象的**与观察者相关**的事实。

1a. 固有的：那个对象是一块石头。

1b. 与观察者相关的：那个对象是一块镇纸石。

2a. 固有的：月亮引起潮汐。

2b. 与观察者相关的：今夜月亮是美丽的。

3a. 固有的：在构造板块相接的地方经常发生地震。

3b. 与观察者相关的：地震对不动产的价值是不利的。

我希望这种区别看起来是十分明显的，因为这将表明，一般只能依据这种区别才能理解社会实在。与观察者相关的特征总是由有关对象的使用者、观察者固有的心理现象造成的。这些心理现象同所有心理现象一样，在本体论上是主观的；与观察者相关的特征则继承了这种本体上的主观性。但是这种本体论上的主观性并不妨碍断言与观察者有关的特征在认识论上是客观的。请注意，在 1b 和 3b 中与观察者相关的陈述在认识论上是客观的；在 2b 中与观察者相关的陈述则在认识论上是主观的。这几点说明了所有这三种区别互相交错的方式：固有的和与观察者相关的二者之间的区别；本体论上客观性和本体论上主观性之间的区别；认识论上客观性与认识论上主观性之间的区别。

在此之前我对我所作出的区别的解释得出的一个逻辑性的结论就是，对任何与观察者相关的特征 F 来说，**看起来是 F** 在逻辑上先于**成为 F**，因为——恰当地理解——看起来是 F 是成为 F 的必要条件。如果我们理解了这一点，那么我们就能一路畅通地理解以社会方式创造的实在的本体论。

## 功能的归属

我在这一章的主要目的是为了解释我们的整个科学本体论中的社会实在而配备必要的工具。这就恰好需要三个要素，即功能的归属、集体的意向性和构成性规则。（在第六章中，在解释制度性结构的因果性功能时，我要引入第四个要素，即人为了应付环境所具有的能力背景。）在解释这些概念时，我必须依靠某种解释学的循环。我必须用规则来解释规则，用语言来解释语言。但这个问题是阐释性的而不是逻辑上的循环。在理论阐释上，我依靠读者对所要解释的现象的理解。但是在我给出的实际解释中，并不存在循环。

我把所需要的第一个理论工具叫作“功能归属或赋予”。要解释这一点，我首先要指出，无论是对于自然发生的对象还是为执行这种归于它的功能而特别地创造出来的对象，人类和其他某些物种具有一种明显的赋予对象某些功能的能力。

就我们所关注的对世界上无生命部分的通常经验来说，我们并没有关于那些作为物质对象的事物的经验，更没有关于那些作为分子结合的事物的经验。更确切地说，我们是在体验一个由椅子和桌子、房子和汽车、课堂、图画、街道、花园、剧院等等构成的世界。那么，我刚才使用的所有这些词都涉及内在于这些描述所表示的现象的评价标准，但不是由于"物质对象"这个描述所表示的存在物的评价标准。即使像河流、树木这样的自然现象也可以赋予其功能，从而评价其好或坏，这取决于我们决定赋予它们什么样的功能以及它们怎样很好地发挥这些功能。这就是我称之为"归于或赋予功能"的意向性特征。就某些人工制品来说，我们建造这个对象来发挥一种功能。椅子、浴缸和计算机就是明显的例子。至于许多自然发生的现象如河流、树木，我们可以对先在的对象赋予一种功能——美学的、实践的等等。我们说，"这条河适合于游泳"，或者说，"那种树可以用来做木材"。

在这一点上要了解的重要一点就是，这些功能决不是物理学的任何现象所固有的，而是由有意识的观察者从外部赋予的。**简言之，功能决不是固有的，而总是与观察者相关的。**

在实践中，特别是在生物学中，我们往往把这些功能当作似乎是自然所固有的来谈论，我们不了解这种事实。但是，自然界中除了那些有意识的部分以外，谈不上有什么功能。例如，心脏泵血并且使血液流遍全身，这是自然所固有的。同样，血液运动与涉及机体生存的全部其他因果过程相关联。但是，当我们除了说"心脏泵血"以外，还说"心脏的**功能**是泵血"时，我们所说的就不仅仅是记录这些固有的事实了，我们是把这些事实与我们所持有的价值系统联系起来。我们持有这些价值，这是我们所固有的，但是把这些价值赋予不依赖于我们的自然则是与观察者相关的。甚至在我们**发现**自然界中的一种功能时，比如我们发现心脏的功能时，这种发现的关键就在于在发现这种因果过程的同时还给这种因果过程赋予某一种目的性。这表现为这样的事实，即所有表示成功与失败的词语现在都适合于表示那些本不适合于单纯无情的自然事实的东西。因此，我们可以谈论“功能障碍”“心脏病”以及好的或坏的心脏。我们不说好的或坏的石头，当然除非我们赋予石头一种功能。例如，如果我们用这块石头作为一种武器或一种镇纸石或者一种旅行艺术品，那么我们可以用这些功能性描述来评价它适当与否。

对这一点必须加以确切理解。我们的确“发现”自然中的功能。但是**发现**这种自然的功能只有在一套先行**确定**的价值（包括意图、目的性以及其他功能）范围之内才会发生。因此，假定我们已经承认对有机体来说存在着生存和繁殖的价值，一个物种有继续生存的价值，那么我们就能够发现心脏的功能是泵血，前庭膜的视觉反射的功能是固定网膜视像，等等。当我们发现这样一种自然功能时，除了因果性事实之外并没有发现自然事实。“功能”这个词语加在“原因”这个词语上的东西是一套价值（一般包括目的和目的论）。正因为我们认为在生物学上生命和继续生存有重要价值是不言而喻的，因而我们才能够发现心脏的功能是泵血。如果我们认为世界上最重要的价值是用发出“怦怦”的响声来赞颂上帝，那么心脏的功能就是发出“怦怦”的响声，“怦怦”跳的心脏就是好的心脏了。如果我们认为死亡和灭绝具有最重要的价值，那么我们就会说，癌症的功能就是促进死亡，衰老的功能就是加速死亡，而自然选择的功能就是使物种灭绝。在所有这些功能性归属中，都不涉及新的固有事实。就自然是以固有的方式被关注来说，除了因果性事实以外并没有功能性事实。进而对因果性事实赋予功能是与观察者相关的。

达尔文的一个最伟大的成就就是在物种起源上排除了目的论的解释。依据达尔文学说的解释，进化是通过盲目的、无情性自然力量的方式发生的。没有任何内在的目的决定生物物种的起源和存续。我们可以随意地规定与有机体保存相关的生物学过程的“功能”，但是如果认为对功能的任何这样的规定都是发现自然界中内在的宇宙目的论，因而这些功能是自然界所固有的，这样的观念总是会导致像摩尔（Moore）所说的未决问题论证：这样定义的功能所发挥的功能是什么？要么通过原因来规定“功能”，在这种情况下，就不存在固有功能的问题，这些功能只是像任何其他原因一样了；要么通过我们所支持的进一步的一套价值来规定功能——生命、保存、繁殖、健康等，在这种情况下，这些功能就是与观察者相关的。

我知道许多生物学家和生物哲学家会表示不同的意见。过去的几十年间已经产生了关于功能和功能性解释的大量文献。其中有许多是受到拉里・赖特（Larry Wright）的论文[1]的影响，在这篇论文中赖特对功能作了如下规定：

X 的功能是 Z **意指**

1. X 存在因为它使 Z 产生。

2. Z 是 X 在那儿存在的后果（或结果）。

如果这种分析是正确的，那么它就排除了功能与观察者的相关性。从直观上看，这种观念是要通过因果性来规定“功能”：X 发挥功能 F，仅当 X 是引起 F 的原因，至少对 X 存在的部分解释是 X 引

[1] L.Wright，“Functions” in *The Philosophical Review* 82，no.2（April 1973），137—168. 亦可参见 P.Achinstein，“Functional Explanation” in *The Nature of Explanation*（New York： Oxford University Press，1983），pp.263—290。

起 F。因此，比如说，心脏的功能是泵血，因为它的确泵血，在进化史上对心脏存在的解释就是它事实上是泵血的。这似乎是对“功能”给出了自然主义的定义，依据这个定义，功能就是固有的。露丝·米利肯（Ruth Millikan）在她提出的“固有的功能”这个概念中也有与之类似但较复杂的观念，然而她坚持说她并不是要分析功能概念的日常用法，而是要引入一个通过“复制”和“因果性”来定义的新的、专业的表达。[1] 经过这样的解释，就没有人能够反对了。你可以引入任何你所喜欢的新的专业用语。然而重要的是要着重指出，这种定义不能抓住日常的功能概念的某些根本特征，至少出于三个原因：第一，就米利肯的例子来说，功能的规定依赖于一种特殊的关于“复制”的因果历史理论。事实上，我相信心脏有泵血的功能，也相信达尔文学说对于“再生”如何对心脏的进化给出因果历史的说明。但是，即使没有任何一个关于再生的说明（达尔文学说的或者别的说明）能够证明是正确的，我的心脏也仍然有泵血的功能。按照米利肯的定义，关于心脏具有泵血的（固有）功能这种论断只能通过对心脏如何再生进行因果历史的说明来解释，而就我们日常的功能概念来说，这不可能是正确的。第二，如果我们用这种定义来把握我们日常概念的根本特征，就有一些反例需要加以分析。按照赖特以及米利肯的说明，我们必须说感冒的（固有的或别

[1] R.G.Millikan，*Language*，*Thought*，*and Other Biological Categories*：*New Foundations for Realism*（Cambridge，Mass.：MIT Press，1984）. 在下面这篇文章中她写道：

“固有功能”的定义是循环定义。粗略地说，一个事项 A 具有功能 F 作为“固有功能”，必要的（接近于充分的）条件是，下面两个条件之一应当成立：（1）A 作为某个先在项的复制物（举个例子，作为一种模本或模本的模本）而产生，或者一些事项部分地由于具有复制的属性，而实际上在过去表现出 F 的作用，A 作为这些事项的复制物而产生，A 由于（因果地历史地由于）有这种或这些作用而存在。（2）A 作为某种先前设置的产物而产生，这种先前的设置如果有了它适合的环境，就有 F 的表现作为固有功能，而且在这样的条件下通常引起 F 通过产生一个与 A 相似的项而起作用。符合条件（2）的事项具有“派生的固有功能”，即从产生这些事项的设置的功能中派生的功能。

参见 R.G.Millikan，“In Defense of Proper Functions，” in *The Philosophy of Science* 56（1989），288—302。

的）功能就是传播感冒细菌。事实上感冒的确传播感冒细菌，如果不传播感冒细菌感冒就不会存在。但是按照我们的日常概念，感冒并没有一种功能，或者如果它们有一种功能，那也肯定不是传播细菌。第三，功能的正常的组成成分并没有得到解释。虽然像米利肯那样的分析能够说明某些具有一种功能的存在物事实上并没有实现这种功能，但把功能归结为因果观念仍然忽略了功能的正常成分。我们为什么谈论心脏运转不正常、心脏病或者好的或差的心脏呢？通常的困境是，要么我们是谈论无情性的、盲目的因果关系，如果是这种情况，心脏泵血和感冒传播细菌都同属这种因果关系；要么就是我们认为有某种实际上发挥功能作用的东西，如果是这样，那么这种定义就失去了与观察者相关的特征。

功能不同于原因，它是与观察者相关的，表明这一点的还有另外一个也许是决定性的线索，这就是与因果性归属不同，功能性归属是带有“s”（intensional-with-an-s）的内涵。[1] 在功能话语关系中用相同指称的词代入不能保证真值保持不变。因此“A 的功能是做 X”同时与“X 发挥的作用等于 Y 发挥的作用”这两个命题在一起并不蕴涵“A 的功能是做 Y”的意思。比如桨的功能是划船，划船就是围绕固定支点给水施加压力，但是不能说桨的功能就是围绕固定支点给水施加压力。

总之，在我们讨论有意识的行为者创造社会性事实的能力时，需要注意的首要特征就是把功能赋予对象或其他现象。功能决不是

[1] 带“s”的内涵（intensionality-with-an-s）不能同带有“t”的意向性（intentionality with-a-t）混淆起来。意向性是心灵据以指向世界上的对象和事态的一种属性。内涵是句子和其他陈述的据以经受进行外延试验的属性。在这方面一个最著名的例子就是莱布尼茨法则（Leibniz's Law）：指称相同对象的两种表达式可以在一个句子中互相代替而句子的真值不变。不能经受这种试验的句子叫作在可代替方面的**内涵性**的句子。另一种表示这种内涵性的表达式就是“指称不明”。通常有关带有“t”的意向性状态的句子就是带有“s”的内涵性句子，因为在这种句子中对象被指涉的方式会影响句子的真值。对这些问题的更广泛的论述，参见 Searle，*Intentionality*，*An Essay in the Philosophy of Mind*。

固有的，它们是被赋予的与使用者或观察者的兴趣相关的功能。

我并不打算对“X 的功能是做 Y”这种句子形式分析出逻辑上必要且充分的条件。但我是在请读者注意某些重要的条件。

1. 只要 X 的功能是做 Y，X 和 Y 就是一个**系统**中的部分，这个系统一般是部分地通过**目的**、**目标**和**价值**来定义的。之所以有警察的功能和教授的功能，但没有什么人类本身的功能，原因就在这里——除非我们把人类看作某种更大系统的一部分，在这个大系统中人类有他们的功能，比如说是侍奉上帝。

2. 只要 X 的功能是做 Y，那么 X 就**应当**引起 Y 或者导致 Y。不能把功能的这种正常的组成成分仅仅归结为因果关系，归结为作为 X 的结果而发生的东西，因为 X 可以发挥出 Y 的功能，甚至在所有时间或在大部分时间中 X 没有实现 Y 的情况下，X 也具有这种功能。因此，安全阀的功能是防止爆炸，甚至在安全阀制造得非常糟糕以至于事实上不能防止爆炸，即存在**故障**的情况下，这样说也仍然是正确的。

至此，我们所观察的例子还进一步提示了关于**有行为者**的功能和**无行为者**的功能之间的区分。有时对功能的赋予必须涉及我们的直接目的，不论是实践的、美食学的、美学的、教育的目的还是其他目的。当我们说“这块石头是镇纸石”，“这个东西是一把起子”或者“这是一把椅子”时，这三种功能性概念表示我们赋予对象的**用途**是我们没有发现的功能，它不是自然发生的功能，而是与有意识的行为者的实践兴趣相关而被赋予的属性。并不是所有这些兴趣在任何日常意义上都是“实践性的”，因为当我们说“那是一幅很糟糕的画”时，也赋予了这样的功能。因为所有这些都是行为者意向性地赋予对象的用途，所以我想把这些功能称为“有行为者的功能”。有些被我们赋予行为者功能的对象是自然发生的，例如我们用来镇纸的一块石头；有些是特别为了实现这种功能而做成的人工制品，如椅子、起子和油画。一个为了实现一种有行为者的功能而制造出来的对象也可以用来实现另外的功能，例如像我们说过的“这把锤子是我的镇纸器”。如同心脏的例子，这种功能并不是在因果关系以外对象所固有的，但是与归于心脏的功能不同，在这些实例中，功能的归属就是我们**意向性地归于这些对象的用途**。

有些赋予对象的功能不是用于实践性目的，而是作为对有关现象的部分的理论说明来赋予自然发生的对象和过程的。因此当我们要对机体组织如何生存和存续作出说明时，我们就说“心脏的功能是泵血”。这种功能与重视生存和繁衍的价值的目的论相关，我们能够发现这种功能在自然中独立于人类行为者的实践意向和活动而发生。因此，我们把这种功能称作“无行为者的功能”[1]。

这两种功能之间并没有截然分明的分界线，而且有时一种有行为者的功能可以代替无行为者的功能。比如，在我们做一个“人工心脏”时就是这样。一般说来（但并非总是如此），就有行为者的功能的情况来说，需要使用者方面的连续的意向性来保持这种功能，而无行为者的功能则无须我们的任何努力来继续保持功能的发挥。因此，浴缸、硬币和起子为了发挥作为浴缸、硬币和起子的功能，需要我们继续使用，但是心脏和肝，即使在没有任何人给予丝毫注意的情况下，也能继续发挥作为心脏和肝的功能。而且，实际上，当为了有行为者的功能而使用某个对象时，该使用者可能并不是实际上赋予该对象这种功能的行为者，甚至可能并不知道该对象有那种功能。因此，大多数汽车驾驶者或许并不知道驱动轴的功能是把力从传动装置传送到轮轴，但这仍然是它的有行为者的功能。

[1] 描述这种区别的这些词的用法最初是珍妮弗·胡丁向我建议的。

还有一个区别，即在有行为者的功能中我们需要认识到一类特别的功能。有时赋予一个对象有行为者的功能是为了代替或代表另外一种东西的功能。因此，当我画一张表示一场橄榄球赛的图表时，我用某些圆圈代表四分卫、跑卫、进攻前锋等等。在这种情况下，赋予纸上各种记号**有行为者**的功能就是代替或代表的功能，但是由于“代表”或“代替”只是表示意向性的另一种说法，在这种情况下，我们有意向地对并非固有意向的对象和事态赋予意向性。在英语中有一些名词可以表示这类功能赋予的结果：它们被称为“意义”和“象征”。纸上的记号现在有了意义，就这种方式而言，例如起子则没有意义，因为纸上的记号现在代替或代表着独立于它们本身的对象和事态。当然，最显著的一种意义就是语言中的意义。在使用语言时，我们赋予记号和声音一种特别的功能，即表示功能。

我在前面说过，将功能赋予自然现象的能力是明显的，但是同样明显的一个事实就是这些功能可能完全是无意识地被赋予的，而这些功能一旦被赋予就常常是——可以这样说——觉察不到的。因此，例如，货币可能只是演变出来而没有任何人会想到，“我们现在正对这些对象赋予一种新的功能”。货币一旦演变出来，人们就可以用货币进行买卖而不会想到被赋予的功能的逻辑结构。但是对于所有有行为者的功能来说，必定有人能够了解这个东西是用来干什么的，否则便决不会赋予这种功能。至少某些参与这种交换系统的人必须有意识地或无意识地了解，货币是用来购买东西的，起子是用来上螺丝的，如此等等。如果我们赋予一种完全与人类意向无关的功能，那么这种功能就必须归于无行为者的功能的范畴。因此，假定有人说货币的有行为者的有意向的功能是用作价值交换和储存的手段，但是货币也可以在保持社会的权力关系系统中发挥隐蔽的、秘密的、非意向的功能。前一种论断是有关有行为者的功能的意向性，而后一种论断则是有关无行为者的功能的论断。要了解这一点，只要问一问你自己，世界上何种事实使这两种论断为真。第一种论断是行为者具有把对象作为货币使用的意向性而使它为真的，人们把它用于买卖和储存价值的目的；第二种论断，如同心脏泵血的功能，当且仅当有一组非意向的因果关系并且用于某种目的论时为真，即使不是说话者所具有的目的论。有些社会科学家谈到显性功能与隐性功能之间的区别，如果这种区别与我作出的区别相当，那么显性的功能是有行为者的功能，隐性功能是无行为者的功能。

把上述各点总括起来，我们发现了三种不同的赋予功能的范畴：第一种，无行为者的功能。例如心脏的功能是泵血。一般说来，无行为者的功能是自然发生的。第二种，有行为者的功能。例如，起子的功能是固定或取下螺丝。第三种，在有行为者的功能中有一个特殊的子类，其中所赋予的功能是意向性功能。例如，“雪是白的”这个句子的功能是正确或错误地表示雪是白的这个事态。[1]

为了保持用语的一贯性，我要采取以下的规定：

1. 由于所有功能都是与观察者相关的，所以我就说所有的功能都是被**归于的**，或者说是被**赋予的**。

2. 在被赋予的功能的范畴内，有些是**有行为者**的功能，因为这些功能是行为者归于存在物的用途，例如，浴缸的功能是用来洗澡。

3. 在被赋予的功能的范畴中，有些功能是**无行为者**的功能，因为这些功能是被我们赋予其目的的，自然发生的因果过程，例如，心脏的功能是泵血。

4. 在有行为者的功能的范畴内有那样一类特殊的东西，这些东西的有行者的功能是**符号表征、代表、代替**或者——一般地说——

[1] 对意义中包含的这种意向性赋予的解释，参见 Searle，*Intentionality*，*An Essay in the Philosophy of Mind*，特别是第六章。

**意指**这种或那种东西。

## 集体意向性

许多动物，特别是我们人类自身，都具有集体意向性能力。我用这个词不仅是指他们从事集体的行为，而且是指他们具有意向状态，如相信、愿望、意图。除了个体的意向性以外，还有集体的意向性。明显的例子就是**我**所做的事情只是**我们**在做的事情的一部分这种情况。因此，如果我是橄榄球赛中的进攻前锋，我也可能是在阻止对方防守的目的，但进行这种阻挡是作为**我们**实现传球动作的一部分；如果我是管弦乐队中的一名提琴手，那么我是在**我们的**交响乐的演奏中担任**我的**角色。

甚至大多数形式的人类冲突也需要有集体的意向性。例如，为了使两个人进行拳击赛，就必须有更高层次的集体意向性。为了使每一个人都设法攻击对方，就必须在比赛中进行合作。在这方面，职业性拳击比赛不同于在小胡同里单纯的拳打某人。在一个小胡同里一个人偷偷地靠近另一个人并且袭击他，这并不是实施集体的行为。但是职业性拳击中的两个拳击手，甚至在一场鸡尾酒会上两个教员之间的相互攻击，就如一个案件中的控辩双方当事人那样，都是参与了更高层次上的合作的集体行为，在这种更高层次的合作行为中，相反的对抗行为才能发生。理解集体意向性对于理解社会性事实是必不可少的。

那么个体的意向性与集体的意向性之间是什么样的关系呢？比如说，通过“我意图”来描述的事实同“我们意图”描述的事实之间的关系是什么样的呢？我所知道的人们回答这一问题的最大努力是，力图把“我们的意向性”归结为“我的意向性”加上另外某种东西，通常是相互信赖。这种观念就是，如果我意图同大家一起做某件事情，那么那就是这样一个事实：我意图做这件事并且相信你也意图做这件事，你意图做这件事并且相信我也意图做这件事。而且每一个人都相信另一个人也有这些信念，并且具有对这些信念的信念，以及对这些信念的信念的信念的信念……的潜在的无限等级。“我相信你相信我相信你相信我相信……”如此等等。在我看来，把集体的意向性归结为个体意向性的所有这些努力都是不行的。集体意向性是生物学上的基本现象，不可能归结为什么别的东西，也不可能由别的什么东西代替。我所见到的所有把“我们的意向性”归结为“我的意向性”的努力都会遭到反例。[1]

之所以不能把集体意向性归结为个体意向性，有一个深刻的原因。关于相信你相信我相信等等的问题以及你相信我相信你相信等等的问题就是它没有达到一种集体性的意义。任何一组“我意识”即使用信念加以补充，都不可能达到“我们意识”。在集体意向性中关键的因素是共同做（需要、相信）某件事情的意义，而每个人具有的个体的意向性则是从他们共同具有的集体的意向性中产生的。因此，回到前面说到的橄榄球赛的例子，我们的确有一种阻挡防守的个别意向，但我有的这种意向只是作为我们实现传球的集体意向的一部分。

如果我们把具有真正的合作行为的情况与有两个人偶然发现他们的行为可以说是互相配合一致的情况相对比，集体意向性与个体意向性之间的这种区别就可以非常明显地看出来了。如果一方面是

---

[1] 我曾在下文中讨论了这些反例中的一部分，参见 J.R.Searle，“Collective Intentions and Actions”，in *Intentions in Communication*，P.Cohen，J.Morgan，and M.E.Pollack，eds.（Cambridge，Mass.：Bradford Books，MIT Press，1990）。

两个提琴手在一个管弦乐队中进行演奏；另一方面，当我在练习我那一部分内容时，发现在隔壁的房间里有一个人在练习她那部分的内容，进而发现我们碰巧是在以一种同步协调的方式演奏相同的一段乐曲，这两种情况是有重大区别的。

为什么会有那么多的哲学家相信集体意向性必须归结为个体意向性呢？为什么他们不愿意承认集体意向性是一种基本的现象呢？我相信，原因就在于他们接受了一种看起来颇有吸引力其实却大谬不然的论点。这种论点就是，由于一切意向性都存在于个别人的头脑里，因而那种意向性的形式只能涉及该意向性在其头脑中存在的这些个人。所以，看起来似乎任何承认集体意向性是精神生活基本形式的人必定会陷入这样一种观念，即以为存在着某种黑格尔主义的世界精神——一种集体意识或者是某种同样令人难以置信的东西。这种方法论上的个人主义的要求似乎迫使我们把集体意向性归结为个体意向性。简言之，看来我们必须要么选择还原论，要么选择一种飘浮在个体心灵之上的超级心灵。相反，我要指出，这种论证包含着错误，而且这种二中择一也是错误的。诚然，我的全部精神生活都在我的大脑之内，而你的全部精神生活都在你的头脑之内，如此等等，对其他所有人都是这样。但由此并不能得出结论说我的所有精神生活必定以表示我的单数名词的话语形式来表达。我们的集体意向性可以采取的形式就是"我们意图""我们在做如此这般的事"，如此等等。在这种情况下，我意图的只是我们意图的一部分。在每个个体头脑里存在的意向性都具有"我们意图"的形式。[1]

[1]　我不希望会使人想到我的观点是无可争议或无可指责的。还有其他几种强有力的关于集体意向性的观点。特别是参见M.Gilbert，*On Social Facts*（London：Routledge，1989）；M.Bratman，"Shared Cooperative Activity"，*Philosophical Review* 101，No.2（1992），pp.327—341；and R.Tuomela and K.Miller，"We-intentions"，*Philosophical Studies* 53（1988），pp.367—389。

“我们意图”的传统图像看起来如图 1.1。

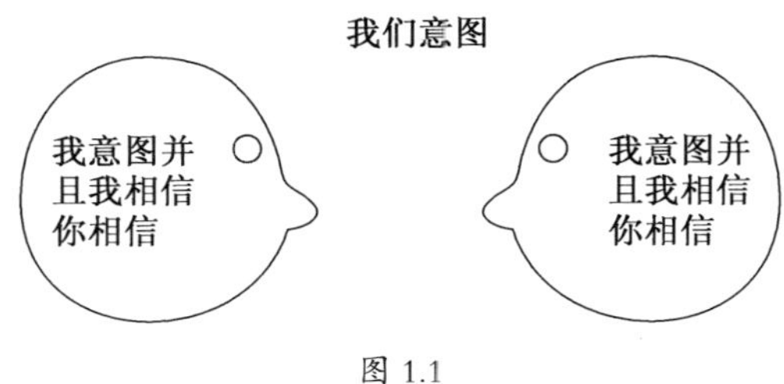


图 1.1

我所提议的与此不同的另一种形式看起来如图 1.2。

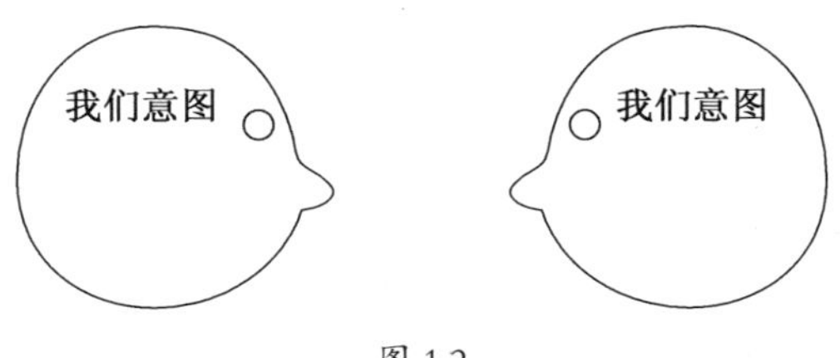


图 1.2

按照规定我由此就要使用“社会事实”这种表达式来表示任何涉及集体意向性的事实。因此，比如说，两个人打算一起去散步就是一个社会事实。社会事实的一个特殊子类是制度性事实，即涉及人类制度的事实。例如，这张纸是 20 美元的钞票，就是一个制度性事实。我要用更大的篇幅来论述制度性事实。

## 构成性规则，以及无情性事实与制度性事实之间的区别

在我关于语言哲学的著作[1]中，我对世界的有关无情性物理学

[1] J.R.Searle，*Speech Acts.*

和生物学的那些特征，同文化和社会的那些特征之间的关系问题，提出了初步的回答。我们并不是说世界上只存在这两种事实，但我们必须把例如像太阳距离地球9300万英里这样的**无情性事实**同克林顿是总统这样的**制度性事实**区别开来。无情性事实是不依赖于任何人类制度而存在的，制度性事实只是在人类制度中才存在；无情性事实需要语言制度从而使我能够得以**陈述**这种事实，但是无情性事实**本身**则完全不依赖于语言或任何其他制度而独立存在。因此太阳距离地球9300万英里这个陈述需要有一种语言制度和以英里为单位的测量距离的制度，但是**所陈述**的事实——地球和太阳之间有一定的距离这个事实——是不依赖于任何制度而存在的。另一方面，制度性事实本身的存在则需要有特殊的人类制度。语言就是一种这样的制度，事实上，它是整整一类这种制度。

那么这些“制度”是什么呢？为了回答这个问题，我引入了另一种区分，即我称之为“构成性”规则和“调控性”规则之间的区分。[1] 有些规则调控着先在的活动。例如“车辆靠马路右边行驶”就是调控着车辆行驶的规则，但是驾驶车辆的活动可能在这种规则存在之前就已经存在了。然而有些规则就不只是调控性的，而且还创造了某种活动本身的可能性。下棋的规则并不是调控一种先在的活动。并不是先有许多人在木板上来回移动小木块，为了时时防止这些小木块互相碰撞并避免造成交通堵塞，我们才需要调控这种活动的。相反，是下棋的规则创造了下棋活动的可能性。下棋活动是部分地按照规则的活动构成，在这个意义上说，这种规则是**构成性**的规则。如果你不遵循至少一大子类的这种规则，你就不是在下棋。这种规则形成系统，而单个的这种规则或有时是集合性的系统在特

[1]　一个相关的区别是由J. 罗尔斯提出的，参见J.Rawls，“Two Concepts of Rules”，*Philosophical Review* 64（1955）。

征上具有这样的形式：

“X 算作 Y”或“在情境 C 中 X 算作 Y”

因此，如此这般算作将军，如此这般走的一步棋算作合法的走卒，等等。

我提出的论断就是，制度性事实只有在构成性规则的系统内才存在。这种规则的系统创造了这类事实的可能性。制度性事实的种种具体实例，如我赢了棋的事实以及克林顿是总统的事实，都是由于运用了特定的规则，如象棋中将军的规则以及选举和宣誓总统就职的规则，而创造出来的事实。在这里强调一下我是在讨论**规则**而不是讨论**约定**也许是重要的。我通过对王将了军而赢了棋，这是象棋的规则。象棋的王大于卒，这是象棋的**约定**。“约定”包含着随意性，但是构成性规则一般地说并没有那个意义上的随意性。

“在 C 中 X 算作 Y”的语境就是“带有 s 的内涵”。这是一种指称不明的语境，在这种语境中不容许同外延的表达式互相代替而保持真值不变（salva veritate）。例如下述陈述：

1. 由制币局发行的钞票（X）被视为在美国的（C）货币（Y）。

和

2. 货币是一切罪恶的根源。

并不蕴涵如下意思：

3. 由制币局发行的钞票被视为在美国的一切罪恶的根源。

总是指称不明的发现是关键问题。在这种实例中，这种发现提供了一种线索，即制度性事实中存在着某种心理的成分。带有“s”的意向性（the intentionality-with-an-s）这种语词表述是这样一种线索，即所代表的现象是带有“t”的意向性。许多问题都取决于这一点，我们在后面几章就会了解。

有许多社会理论家都攻击我关于调控性规则和构成性规则区分

的论述[1]，但是，我认为我的论述就其本质而言是正确的。问题是就我们目前的目的来说，这种论述还没有取得足够大的成效。我们还需要对规则和制度进行更加全面的说明。我们需要回答许多问题。是不是所有的社会事实都是制度性事实？像战争和鸡尾酒会是不是有构成性规则？是什么以某种方式使某种东西成为制度性规则的呢？最难回答的是，我们以怎样的形式使像我们自己这样的有意识的生物的基本本体论与社会事实和人类制度的各种构件相联系呢？

我将在以后对构成性规则的形式以及它们如何与制度性事实相联系作更多的论述。我在这一章所要达到的目的就是集合各个要素，现在我有了我所需要的三个要素：对那些在被赋予功能以前并没有这种功能的存在物赋予功能、集体的意向性，以及构成性规则和调控性规则之间的区别。掌握了这些要素，我们现在就可以着手讨论制度性实在的建构。

[1] 例如，Anthony Giddens，*The Constitution of Society*：*Outline of the Theory of Structuration*（Berkeley：University of California Press，1984），pp.19ff。

# 第二章　创造制度性事实

在这一章，我要论述社会事实的基本构造以及从较简单形式的社会事实发展为制度性事实的逻辑结构。为了达到这个要求，我将运用有行为者的功能、集体意向性和构成性规则这些构件。我还要尝试着解释社会实在的几个令人困惑的特征。

## 社会实在的一些明显特征

首先，让我们来确认一下我们想要加以解释的社会实在的某些明显特征。因为我相信，哲学研究应当朴实自然地开始（至于这种研究如何进行如何结束，那是另外的问题），我要直接列出六七个看起来是社会实在的自然的、直观的特征，包括像我是一个美国公民这样的制度性事实的特征，也包括那些并不需要有制度性结构的社会事实的特征，例如两个人一起推一辆汽车使它发动起来。

## 1. 许多社会概念的自指性

表示社会事实的概念看来带有一种特殊的自指性。例如，作为初步的表述，我们可以说，为了使“货币”这个概念能够适用于我口袋里的这块东西，它就必须是被人们认为是货币的那种东西。如果每个人都不相信它是货币，那么它就不具有作为货币的功能，最终不再是货币。从逻辑上讲，“某种实体 X 是货币”这个陈述蕴涵着无数具有“X 被作为货币使用或 X 被看作货币或人们相信 X 是货币等等”这种形式所包含的命题的析取。但是，这样一来会得出一种结果，那就是货币的概念——“货币”这个词的定义——是自指的，因为为了要使一种东西满足这个定义，为了使它能够归入货币的概念，它就必须被人们相信为、使用为或者视为是满足货币这个定义的。因为这些类型的事实，看来几乎就像你不可能在所有的时间欺骗所有的人这一点是一个逻辑的真理。如果每个人总是认为这种东西是货币，并且把它作为货币来使用和对待，那么它就是货币；如果从来没有任何人认为这种东西是货币，那么它就不是货币。适用于货币的说法也适用于选举、私有财产、战争、投票表决、订约、婚姻、买卖、公职等。

为了确切地陈述这一点，我们需要把制度及一般实践同特殊事例加以区别，也就是需要把类型同标记加以区别。一张钞票可能在印制过程中掉进地板缝里因而从未被使用过，或者从来没有被认为是货币，但它仍然是货币。在这种情况下，一种具有特殊标记的实例就会是货币，即使没有任何人认为它是货币，或者根本没有想到过它、使用过它。与此类似，可能有一张伪钞在流通，即使没有一个人认识它是伪钞，甚至连伪造者也不认识。在这种情况下，每个使用这个特殊标记的人都认为它是货币，尽管它在事实上不是货币。

对于这种特殊标记，有的人可能会产生系统性的错误。但就涉及事物的**类型**而言，这种类型是货币的类型这样的信念就以某种方式构成了它是货币，我们必须完全弄清楚这种方式。

对于某些制度性现象，例如货币，我上文所说的更多地适用于类型而不是标记；而对另外一些制度性现象来说，例如鸡尾酒会，则适用于每一个个别的标记。为了简单起见，我就设想读者了解这种区别，所以我将谈论一般的制度性概念的自指性，而不在每一个实例中进行区分。随后，我将要对适用于类型的自指性和适用于标记的自指性之间的区别加以解释。

但是如果所谈论的这种**类型**的事物是货币只是因为人们相信它是货币，如果“货币”意味着“看作、用作或被相信为货币”，那么哲学家们就会担心，因为这种断言似乎会产生恶性的无限后退或恶性的循环。如果某种东西是货币这种断言的部分内容就是断言它被人们相信为货币，那么这种信念的内容是什么呢？如果相信某种东西是货币这种信念的内容部分地包含着相信它是货币这种信念，那么对某种东西是货币的这种信念部分地就是相信它被相信是货币，这样就没有办法逐个地解释这种信念的内容而不得不一次又一次地重复同样的特征。稍后，我会试着指出如何避免这种无限后退。至此，我只是把注意力集中于区分社会性概念同自然性概念的独特的逻辑特征上，这些自然性概念如“山峰”“分子”。某物是山峰，即使没有任何人相信，它仍然可以是山峰；某物是分子，即使没有任何人想到它，它也还是一个分子。但是对于社会事实来说，我们对待这种现象的态度就部分地构成了这种现象。例如，如果我们举办一个大规模的鸡尾酒会，邀请了巴黎的每一个人，如果事情变得失去控制，结果人员的伤亡率超过了奥斯特利茨战役*——尽管如此，

* 奥斯特利茨战役是1805年12月2日俄奥两国军队和法国军队之间的大规模会战，以拿破仑的胜利告终。——译者注

它也不是一场战争；它只是一场令人大为惊异的鸡尾酒会。作为一场鸡尾酒会的重要成分就是被人们认为是一场鸡尾酒会；作为一场战争的重要成分就是被人们认为是一场战争。这是社会事实的显著特征，在物理的事实中则没有与此类似的情况。

## 2. 述行式话语在创造制度性事实中的使用

制度性事实的一个最令人迷惑的特征就是这种事实有相当大的数量（虽然决不是全部）都可以通过明确的述行式话语创造出来。述行式话语是我称为“宣告语”[1]的话语行为中的一分子。在宣告语中，话语行为的命题内容所表述的事件正是由于成功地执行这个话语行为而产生的。制度性事实可以通过像“会议休会”“我把全部财产遗赠给我的侄子”“我任命你为主席”“特此宣告战争”等等这样一些语句的述行式话语创造出来。在每一个语句中，陈述的事件都是一个制度性事实。

## 3. 无情性事实对制度性事实在逻辑上的先在性

直观地看，似乎不存在离开无情性事实的制度性事实。例如，差不多任何一种实物材料都可以是货币，但是它必须以这样或那样的物质形式而存在。钱可以是金属块、纸条、贝壳串珠或者支票本。事实上，我们的大多数货币在过去的二三十年经历了我们甚至没有注意到的革命性的形态改变。如今，大量的货币是以电脑磁盘中磁痕的形式存在。只要它能够发挥货币的**功能**，采用何种形式都没有什么关系，但是货币必须有这样或那样的物质形式。

适用于货币的看法，也适用于棋赛、选举和大学。所有这些东

[1]　John R.Searle，*Expression and Meaning*：*Studies in the Theory of Speech Acts*（Cambridge and New York：Cambridge University Press，1979），chap.1.

西都可以采取不同的形式，但是每一种形式都必须有某种物质上的体现。这就表明，我的看法是对的，即一般说来社会性事实（特别是制度性事实）是按层次构建的。可以说，制度性事实存在于无情性物理事实之上。无情性事实通常不是作为物理对象表现出来，而是表现为从人们嘴里发出的声音、纸上的记号——或者甚至作为人们头脑中的思想。

## 4. 制度性事实中的系统性关系

一个制度性事实不可能孤立地存在，而只能在其他事实的一套系统性关系中存在。例如，为了使全社会的任何一个人都有货币，这个社会就必须有一个用商品与服务交换货币的系统。但是，为了使社会能够有一个交换的系统，它就必须有一个财产和财产所有权的系统。同样，为了使社会能够有婚姻关系，就必须存在某种形式的契约关系。但是为了使人们有契约关系，他们就必须理解承诺和义务。

除了对制度性事实的相互关系的逻辑性的和概念性的要求以外，在任何现实生活状态下，人们还会发现自己处于一种复杂的相互联结的制度性实在之中。我在第一章描写的餐馆的情景说明了这一点：任何时刻一个人在这种情景下（至少）是一个公民、一个货币持有者、一个顾客、一个付账者，这个人总要涉及财产、餐馆、服务员、账单。

看来竞赛好像是不符合这种一般原则的反例，因为竞赛当然是立意要成为不像制度性事实那样明显与我们其余生活相联系的一种活动形式。今天哲学系垒球赛的结果无须对明天有什么影响，它不像今天的战争、革命、买卖那样小心谨慎地意图对明天乃至不确定的未来有重要影响。[1] 然而，即使就竞赛来说也有对其他形式的制

[1] 职业的运动具有的重要性达到这样的程度，以至于这种运动已不再单纯地是竞赛，而是成了某种别的东西，例如巨大的商业。

度性事实有系统的依赖关系。例如棒球的投手、接球员、击球手的位置都涉及权利和义务，如果不理解这些权利和义务，那么对他们的位置、活动以及暂停活动就无法理解。但是反过来如果离开了权利和义务的一般概念，这些概念也无从理解。

## 5. 社会行为对社会对象的首要性，过程对结果的首要性

人们总是喜欢把**社会的对象**看作类似于自然科学所研究的对象那样的独立存在的实体。人们总以为政府或者美钞或者契约就是一个像 DNA 分子、地壳构造性板块或者一个行星那样的对象或实体。然而就社会的对象来说，名词性用语的语法使我们不容易看到这样一个事实，即过程先于结果。在我们将要解释的意义上说，社会对象总是由社会行为所构成；在某种意义上，**这种对象只是一种行为的持续的可能性，**例如，一张 20 美元的钞票，是一种为某种东西进行支付的持续的可能性。

## 6. 诸多制度性事实中的语言因素

与特征 1 和特征 2 相关的更为明显的特征是，只有具有语言或差不多类似于语言的表达系统的生物才能造成大多数（也许是全部的）制度性事实，因为**语言因素看来是部分地构成这种事实的因素。**

例如，通常人们都知道，某些蚁群中有奴蚁或者蜂巢中有蜂后。我觉得这种说话方式是一些无害的比喻，特别是在谈到所谓“社会性昆虫”的地方，这样的比喻性的说法也是普遍的，但重要的是要提醒我们自己，对于一个的确存在奴隶或者女王的共同体来说，其中的居民就必须具有把某种东西表示为一个女王或表示为一个奴隶所必要的手段。仅仅是以一定方式表现出来的行为（这里的行为只是解释为肢体的运动），这对于一个共同体产生女王或奴隶来说是不

够的。除此以外，还必须有共同体成员方面的某种态度、信念等等，而这看来就需要有诸如语言这样的表达系统。语言不仅仅对于向自己表达这些事实而言显得重要，而且在我们将要解释的某种意义上，我们所说的语言形式是部分地构成这些事实的因素。但是语言在建构制度性事实中**到底**起什么作用呢？这是不容易回答的问题，我们将在下一章专门回答这个问题。

## 从集体意向性到制度性事实：以货币为例

最简单形式的社会性事实涉及简单形式的集体行为。我之前说过，我认为集体行为的能力是生物体固有的能力，而集体意向性的各种形式不可能消解或归结为某些别的东西。例如，动物结伙行动或者共同猎食的行为，并没有采取文化的手段、文化的约定或语言。当许多鬣狗结伙行动去攻击一头孤立的狮子时，并不需要语言或文化的手段，尽管鬣狗非常巧妙地相互配合，而且鬣狗不仅对狮子有敏锐的反应，它们相互之间也有敏锐的反应。我相信合作行为的选择性优点是很明显的，通过与同伙动物的合作增加了范围广泛的适应性。

把集体的动物行为吸收到普遍的意向性理论中来唯一难处理的特征来自这样一个事实，即在任何复杂形式的行为中，如鬣狗攻击狮子的复杂行为中，每一个动物对集体行为所作的贡献具有与集体意向性不同的意向内容。例如，就人类来说，如果一个团队在实现传球动作，而我的任务是阻挡最前面的防守的球员，那么我的个体意向性就是“我要阻挡对方最前面防守的球员”，尽管我阻挡对方最前面防守的球员只是我们实现传球的一部分，但这个个体意向具有与“我们在实现传球动作”的集体意向性不同的内容。因此，尽管个体意向性是集体意向性的一部分，个体意向性的内容可能与集体意向性的内容有所不同。跳探戈舞需要两个人，而实现传球则需要两个以上的人。[1] 作为对社会的和制度性的实在进行层次性分类的一步，我已经规定了任何包含集体意向性的事实都是社会性事实。因此，诸如鬣狗围捕一头狮子和国会通过法案二者都是社会性事实的实例。制度性事实是社会性事实的特殊的亚层次。国会通过法案是制度性事实，鬣狗围攻狮子则不是制度性事实。

下一步就是引入集体性质的有行为者的功能。假定有一种制度既包括集体的意向性又包括对物理对象有意向地赋予有行为者的功能，那么把这两者联系起来并不是一个大的举措。如果很容易知道一个单个的人如何决定把某种对象作为一把椅子或一个杠杆使用，那么我相信，我们也就不会很困难地了解两个或两个以上的人如何共同决定把某个对象作为一张使他们能够全都坐在上面的凳子来使用，或者用某种东西作为由几个人操作的而不仅仅是一个人操作的杠杆。集体意向性可以像个体意向性一样很容易产生有行为者的功能。

下一步比较困难一些，因为它涉及给对象集体地赋予功能，这种赋予对象的功能不可能像把木头用作凳子、把一根棍子用作杠杆那样仅靠该对象固有的物理特征就能发挥出来，这种功能本身只有通过人们的合作才能实现。我们将会更具体地看到，集体地赋予功能的这一步只能通过集体的同意或接受才能实现这种功能，这才是形成制度性事实的关键性因素。

试想一下，如果一个原始部落最初在其领地四周建造了一堵墙。

[1] 在我的《集体意向和行为》一文中，我试图解释集体意向性的个体成分和集体成分。参见 John R.Searle，“Collective Intentions and Actions”，in *Intentions in Communication*，P.Cohen，J.Morgan，and M.E.Pollack，eds.（Cambridge，Mass：Bradford Books，MIT Press，1990）。

这堵墙是通过纯粹的物理手段赋予功能的一个实例。我们假定，这堵墙很高很大，足以把侵犯者挡在外面而把该部落的成员围在里面。但是，假定这堵墙逐渐从一道物质的有形的屏障演变成一道象征性的屏障。我们可以想象，这堵墙逐渐剥蚀损毁，以致只留下一条石头组成的线。但是让我们设想一下，这些居民和他们的邻居仍然**承认**这条石头线是标志着领地的边界，以至于能够影响他们的行为。例如，这些居民只有在特定的条件下才通过这条界线，而外边的人，只有当这些居民认为可以接纳的，才能通过这道界线而进入领地。现在这条石头线具有仅靠单纯的物理方法不可能实现的，而只有通过集体的意向性才能实现的功能。这堵残留下来的墙不可能像高墙和壕沟那样由于其物理性构造就能把人们挡在外边。这在非常原始的意义上是象征性的。由于一组物理性对象现在执行着某种超出自身以外的功能，那就是，作为这块领地的界线。[1] 石头线实现了与物理性的障碍物同样的**功能**，但石头线起这样的作用并不是由于它物理性的构造，而是由于它被集体地规定了一种新的**地位**，即边界标志。

我希望这一步是一种十分自然、单纯的发展过程，但是，这一步发展具有较为重要的意义。动物能够对自然现象赋予功能。试想一下，灵长类动物用一根杆子摘下它够不着的香蕉就是个例子。[2] 有些灵长类动物甚至发展了世代相传的有行为者功能的传统。最有

[1] 在我早先对这种论点的另一种说法中，我用了生态学家关于一群动物给它们的领地标出界线的例子。这个例子就像原始部落的例子一样，屏障不是像墙或壕沟那样的纯粹物理障碍物，而在某种意义上说是象征性的。但是我们不能肯定生态学家把如此多的集体意向性归于这些动物这种看法是否合理，因而我便代之以部落的例子来证明同样的观点。我们在下一章讨论语言作用时就会看到，语言的和前语言的二者的区分是重要的。

[2] 经典的文本是 W.Koehler，*The Mentality of Apes*，2d ed.（London：Kegan paul，Trench and Trubner，1927）。

最近，E.O. 威尔逊（E.O.Wilson）写道：“工具的使用零散地出现在高级灵长类动物之中，最多不超过其他脊椎动物群的程度。然而，黑猩猩具有极为丰富和复杂的技能，因而这种物种在性质上高于所有其他动物，并且接近于人的程度。”参见 *Sociobiology*：*The New Synthesis*（Cambridge，Mass.：Harvard University Press，1975），p.73。

名的一种日本的短尾猴伊姆，会用水冲掉土豆上的沙子，结果含盐的水既冲掉了土豆上的沙子，又使土豆的味道更为可口。库默（Kummer）写道："感谢伊姆，用盐水冲洗土豆成为一个既定的传统，如今儿童从他们的妈妈那里学会将它作为一种食用土豆的自然调味法。"[1] 人类学的教科书通常总是谈到人类使用工具的能力。当人类通过集体的意向性赋予某些现象以功能时，在这些现象中，功能的实现不可能仅仅以物理学和化学为依据，同时还需要持续的人类合作。这种合作的特殊形式即是对被赋予功能的新地位的认可、接受和承认。这就是人类文化的一切制度形式的起点，我们在后面将会看到，它必须总是具有 X 在 C 中算作 Y 这样的结构。

我们的目的是要使社会实在同我们关于物理学、化学、生物学的本体论结合起来。为了达到这个目的，我们需要显示出从分子、山峰到起子、杠杆和美丽的落日，然后到法案、货币、民族国家的一条连续的线索。在连接物理学和社会的这座桥上，集体的意向性是最重要的一个跨度；而在创造社会实在的过程中，在这座桥上所进行的决定性的运动是集体地有意向地赋予那些存在物以功能。从我们一起坐在一个凳子上或进行拳击赛这样的简单的社会性事实发展到像货币、财产、婚姻这样的一些制度性事实，这是一种根本的运动，我们之所以能够实现这种根本的运动，就是由于集体地对那些事物赋予功能，这些事物——不像杠杆、凳子和汽车那样——仅仅靠其物理的结构是不可能实现这些功能的。在某些情况下，比如纸币，这是因为这种物理性结构只是偶然地与这种功能相联系；在另一些情况下，比如领取执照的驾驶者的驾驶功能，这是由于除非得到**批准**，否则便不允许人们实现驾驶这种功能。

[1] Werner Kummer，*Primate Societies*（Chicago：Aldine，1971），p.118.

从集体地赋予功能发展到创造制度性事实的关键一步，就是赋予一种集体认可的附有一种功能的**地位**。由于这是有行为者的功能中特殊的范畴，所以我就把这些功能称为**地位性功能**。在上述的部落边界的例子中，我们可以想象一种起因果作用的物理对象（一堵墙）演变为一种象征性的对象（一种边界标记）。这种边界旨在发挥一种与墙同样的功能，但是它实现这种功能的手段是集体地认可这些石头具有这种功能所属的一种特殊的**地位**。在一种极端的情况下，这种地位性功能可能归于一种其物理性结构只是任意地与实现这种功能相联系的事物。以货币特别是纸币演变的情况为例。标准的教科书在解释货币时认为有三种货币：**商品货币**，如黄金，被认为是有价值的，进而被认为是货币，这是由于这种商品本身被认为是有价值的；**契约性货币**是一些被认为是有价值的纸质票据，这是由于它们是支付给持有人的有价值的商品（如黄金）的期票；**法定货币**是被某些法定的机构（如政府或中央银行）宣布为有价值的货币的一些纸券。但是，这三种货币间有什么关系，或者说，甚至有关所有这三种类型的货币共同具有什么样的事实使它们都成为货币，至此似乎还不清楚。就商品货币的情况来说，此物之所以是一种交换媒介，是因为它是有价值的，就法定货币的情况来说，此物之所以有价值，是因为它是一种交换媒介。

这三种货币之间的逻辑关系可以通过叙述中世纪欧洲纸币的演化来作一个标准的说明。我要假定这个叙述是真实的，但它对于我们现在的目的来说实际上并没有多大关系。我这样叙述只是为了说明其中的逻辑关系，这并不取决于它的历史精确性。下面就是这个说明。商品货币（例如金和银）的使用，实际上是一种以物易物的形式，因为这种货币的形式本身就被认为是有价值的，因此可以说这种实物实现其货币的功能只是由于它的物理性质，这种物理性质通常总是已经具有所赋予的某种功能。因此，金币不是由于它是钱币而有价值，而是由于它是由金铸成的而有价值，归于这枚硬币上的价值恰好等于构成该金币中金的价值。我们赋予黄金这种实物以“价值”功能，因为我们希望拥有这种实物。由于这种价值功能已经被赋予黄金，因而很容易把货币功能加在这种价值功能上面。因为人们已经由于黄金的物理性质而把它看作有价值的，所以他们接受它为一种交换媒介，这种说法只是一种想象的说法而已。因此，我们就有一种把对象用于以物易物的目的的交换体系，尽管拥有这些对象的人可能对这些对象本身并无兴趣或并不需要它们。顺便提起，在苏联解体时也存在一个与此类似的情况。在 1990 年和 1991 年的莫斯科，万宝路香烟获得了一种货币的地位。人们接受用万宝路香烟付账，尽管他们自己并不吸烟。烟草和纸的结合本来已经获得了一种用“香烟”这个词表示的有行为者的功能，而在这个功能上面又加上用“交换媒介”这个名称来表示的有行为者的功能。

关于中世纪的欧洲的故事就是，银行家接受并且储存黄金，他们发给存入黄金的人一纸金券作为对黄金的代换物。然后，这种金券就可以用作交换媒介，正如黄金本身作为交换媒介一样。这种金券是黄金的一种替代物。它作为一种价值的对象具有完全的信用，因为在任何时候它都可以交换黄金。这样，商品货币就被契约货币所代替。

当有人设想我们可以直接通过发行比我们拥有的黄金更多的金券来增加货币的供应时，一个天才的办法出现了。只要这些金券继续发挥功能，只要它们具有一种集体赋予的继续为集体所接受的功能，那么正如它们所表明的，这种金券就像黄金一样有价值。接着产生了另一个天才的想法，有人想到——人们想出这种办法经历了一段很长的时间——我们可以忽略掉黄金而只是使用金券。通过这种改变，我们就到达了使用法定货币的阶段，这就是我们现在的货币情况。在旧的联邦储备券上都写有可持此票到财政部，他们见票即“付给持券人”相等的“美元”。但是，假定我交给他们一张 20 美元的联邦储备券，他们恰好付给我的是什么呢？另一张 20 美元的联邦储备券而已！[1]

## 构成性规则：X 在 C 中算作 Y

我想，如果我们仔细研究一下构成性规则与创造制度性事实的关系，就可以更好地理解货币演化过程中发生的情况。我说过构成性规则的形式是“X 在 C 中算作 Y”，但是当我使用这种说法时，它只是规定一组制度性事实和制度性对象，其中 Y 项表示的是某种超出 X 项所表示对象的单纯物理性特征以外的东西。[2] 而且，“算作”这种说法是表示通过集体意向性赋予的与一种功能相联系的地位的特征，在这里地位以及与之相联系的功能超出了可以归于物理对象的单纯的无情性物理性功能范围。因此，比如说，当我使用这个公式时，如果我说“被设计或被用来能够使一个人坐在上面的那种对象算作椅子”，那么，这并不是对一个构成性规则的陈述，因为仅仅从“椅子”的定义，满足 X 项就已经足以满足 Y 项。这个“规则”并没有增加任何东西而只不过是一个标签，所以它不是一个构成性

[1] 在英国的货币中仍然存在这种情况。在英国的 20 英镑的支票上写着：“我允诺按照要求付给持有者总共 20 镑。”上面有英国银行财务主任的签字。

[2] 我将使用“X 项”“Y 项”和“C 项”等表达式来一般地表示作为这三个变量的值的实际的存在物，或表示我们用来代替“X”“Y”“C”这些表达式的语词表达。我意识到总是存在着一种使用与提及相混淆的危险，但是我相信这种语境会使我们清楚地知道我用那个表达式是指一个表达还是指一种实物。在可能产生混淆的情况下，我就用“X 表达式”与“X 要素”之间的区别来把二者明白地区分开来。前一个就是指一种表达，后一个就是指一种实际的实物。

规则。还有，如果说“具有某种形状的对象算作椅子”，这也不是在表达一个构成性规则，因为所规定的功能可以不依赖于任何人的一致同意而被规定。如果它具有某种形状，那么我们就可以不管其他任何人怎样看而把它作为一把椅子。但是，当我们说如此这般的一些纸张算作货币，那么我们就真正有了构成性规则，因为满足 X 项的“如此这般的一些纸张”，其本身作为货币是不够的，而且 X 项规定因果特征，也不足以使这个材料在未经人们的一致同意的情况下而发挥作为货币的功能。因此，使用这种构成性规则可以引出以下特征：Y 项必须规定一种新的**地位**，这种地位并不是这个对象仅仅满足 X 项就已经具有的，还必须对赋予 X 项所表示的材料的那种地位，以及与这种地位相联系的功能有集体的一致同意，或者至少是集体的接受。再则，由于 X 项所规定的物理性特征本身不足以保证由 Y 项的规定所赋予的功能的实现，新的地位及其带有的功能必须是能够由集体的同意或集体接受的那种事物。而且，由于 X 项所表示的物理性特征不足以保证成功地实现所赋予的功能，因而还必须有对所赋予功能的继续的集体性的接受和承认。否则，这种功能不可能成功地实现。例如，我们同意原来的规定“此物是货币”还不够，我们必须持续地接受它是货币，否则，它就会成为毫无价值的东西。

从无情性事实创造出制度性事实，这使人感到有一种变戏法似的不可思议的感觉，这种感觉来源于这样一种特征，即在我们直接把 X 事物**算作** Y 事物的结构中，X 项和 Y 项的关系具有非物理性、非因果性的特征。我们想要以最强硬的形而上学的方式问道：“X 实际上真的是 Y 吗？”例如，这么一些纸张实际上就是**货币**吗？这么一块地实际上就是某人的**私人财产**吗？在一种仪式上发出某种声音实际上真的就是**结婚**吗？甚至，通过嘴巴发出一些声音实际上真的就是发表声明或者作出**许诺**吗？的确当我们谈到具体问题时，这些都不是实在的事实。在完全通过物理性特征来实现有行为者的功能的地方，我们并没有这种眼花缭乱的感觉。因此，对于这实际上是不是一把起子，或者实际上是不是一辆汽车，我们并没有任何形而上学的怀疑，因为这里所说的纯粹物理性对象就能够使它们发挥起子和汽车的功能。

在这里，我只是描述制度性实在据以在实在的人类社会中实际起作用的结构。由于这是我的论证中关键性的一步，所以我要用美国纸币的例子慢慢地完成这步论证。由于我希望概括出这个例子的某些特征，所以我要列出它最突出的一般特点。某种纸券在美国广泛流通。这些纸券满足构成 X 项的某些条件。这些纸券必须具有特殊的物质成分，它们必须与某种图案相匹配（如 5 美元美钞、10 美元美钞等等）。它们还必须经美国财政部批准由制币局发行。凡是满足这些条件的东西（X 项）就算作货币，即美国纸币（Y 项）。但是，要用 Y 项即“货币”来描述这些纸券就不仅仅是对 X 项的特征提供一个简化的标签；它描述了一种新的地位，即货币，这种地位具有属于它的一组功能，即交换媒介、价值储存等功能。根据这种构成性规则，这张纸券算作“支付一切公私债务的法定货币”。而由 Y 项赋予的地位性功能必须是为集体所承认和接受的，否则这种功能就不可能实现。

从这个例子中可以概括出以下一些最突出的特征。

第一，集体的意向性将一种地位归于某些现象，在这里，与这种地位相伴随的功能不可能仅仅靠一些现象固有的物理性特征来实现。这种地位性功能的确定创造了一种新的事实，即制度性事实，这是一种由人们的一致同意所创造的新的事实。

第二，归于这种新的地位性功能的形式可以通过“X 在 C 中算作Y”这个公式来表示。这一公式为我们理解新的制度性事实的形式提供了有力的工具，因为这种集体意向性的形式就是对X项所表示的某种现象赋予Y项所表示的地位及其功能。由于所说的这种功能不可能仅仅通过X因素的物理性特征就得到实现，而是需要我们同意和接受才能实现，所以在这个公式中，“算作”这个说法是带有关键性的。因此，我们同意把X项表示的对象算作具有Y项表示的地位和功能。所以这种能够由Y项赋予的功能和地位，是被具有这些功能的可能性所严格限制的，功能的实现包含着只能由集体的同意和接受来保证这一要素。也许，这就是制度性事实最不可思议的神秘特征，我在后面将用很大的篇幅来论述它。

第三，在创造制度性事实的过程中参与者可能并没有意识到这一过程是按照这种形式发生的。这种演化过程可能是这样的，例如，参与者可能认为，“我能够用这张券交换黄金”，“这是有价值的”，或者直接认为“这是货币”。他们无须想到，“我们是在集体地把一种价值赋予某种东西，我们并不是因为这种东西的纯粹的物理性特征而认为它是有价值的”，尽管这恰恰就是他们正在做的事。关于这一过程与意识的关系，有两个要点。第一，对于大多数制度来说，我们显然是在把这种制度视为理所当然的文化中直接成长起来的。我们并不需要有意识地了解这种制度的本体论；但是，第二，在这里更为重要的是，正是在这种制度的发生过程中，参与者不一定有意识地了解他们据以给对象赋予功能的集体意向性形式。在有意识地进行买卖、交换等过程中，他们可能只是逐渐地形成了制度性事实。还有，在某些极端的情况下，他们可能只是由于某种相关的理论，甚至可能是不正确的理论而接受对功能的赋予的看法。他们可能相信，仅当它有“黄金支持”时它是货币，或者仅当得到上帝恩准时这是婚姻，或者如此这般者为王只是由于他得到神的保佑。纵观美国历史，的确有几百万美国人认为宪法是受到神的启示而制定的。只要人们继续承认 X 具有 Y 的地位性功能，那么这种制度性事实就被创造出来并且保持下去。他们无须另外意识到他们是这样认识的；他们可能对于他们所做的和他们之所以这样做持有各种错误的信念。

第四，如果按照这种公式赋予地位性功能成为一般的策略，那么这种公式就获得了一种规范的地位。它成了一种构成性**规则**。这表现为，一般性规则造成了滥用规则的可能性，例如假币（对象被设计得看起来好像是满足 X 项，但它们实际上并没有满足）以及通货膨胀（发行了过多的货币，因而满足 X 项的对象已再也不能实现 Y 项所表示的功能），如果没有这种一般性规则，这种滥用就不可能存在。这些滥用形式的可能性是制度性事实的一个特点。因此，比如说，律师必须得到批准，这个事实造成了这样一种可能性，即那些没有得到批准的人妄称他们是得到批准的，因而妄称他们是律师。可以说，他们是假的律师。但是，即便是一个有资格作为律师的人也可能滥用这种地位而不能恰当地实现这种功能（不当行为）。另一个例子是中世纪骑士制度的衰落。最初，骑士都必须是有能力的武士，管理着很多人并且拥有一群马，等等。在衰落初始时，许多不符合骑士标准（X 项）的人无论如何都要求国王使他们成为骑士（Y 项）。虽然他们并没有通过考试，但他们还坚持说，由于他们出身好，因而应当免除对他们的要求。还有，许多正当获得骑士地位的人都变得无法实现骑士的功能。他们不再拥有所要求数量的马匹，或者没有所要求的那种盔甲，或是没有实现骑士任务所必需的物质条件。

在涉及货币问题时，是着重强调 X 方面还是 Y 方面，不同的文化会有所不同。美国的货币显然是着重强调 Y 方面。票面上写道："此币为支付一切公私债务的法定货币。"但是它对假币没有任何说法。相反，法国的货币上则包含一段有关X方面特别是关于假币的非法性和惩罚方面的很长的陈述。[1]意大利的通货也同样强调X方面，但是比较简洁，"法律严罚制造和推销假币者"(La leggge punisce i fabbricatore e gli spacciatori di biglietti falsi)。

第五，至少在这种情况下，规则和约定的关系是相当清楚的。有些对象能够有作为交换媒介的功能，这不是一个约定问题，而是规则。但是用**何种对象**实行这种功能则是一个约定问题。与此类似，在象棋中，王的职权不是一个约定问题而是规则问题。但是将这些职权加在**何种形状**上则是一个约定问题。由于在这些实例中，由X项所规定的条件只是偶然地与Y项所规定的功能相关联，因而，对X项的选择或多或少是任意的；而对Y项，例如使用何种事物作为货币或象棋中的王，则是一个约定问题。在后面的例子中我们会看到，对于X项适用的一些必要的特征对实现Y项而言是必不可少的。例如，如果要做一个合格的外科医生，对于实施外科手术（Y项）的委任必须建立在符合一定的医学标准（X项）上。然而即使在这种情况下，还有一个由Y项所表示的附加条件，这一条件并不是已经存在于X项之中的。上面谈到的这个人现在具有了这种地位，即合格的外科医生的地位。

看来，关于X项的特征不足以保证Y项所表示的功能的论断，好像存在明显的反例。例如，当总统或州长宣布一次地震或一场大火是一场"灾害"时，的确人们可能说，关于地震和大火的无情性事实就足以规定它们是由其物理性特征引起的灾害，不存在什么对

[1]　刑法第139条：对于制造假币或伪造经法律认可的银行证券的人可处以终身监禁，因此对那些事实上使用假币或伪造证券的人，对那些将伪币引入法国的人将同样予以严惩。

作为地震或火灾的约定。但是如果对这些事例加以仔细考察，甚至它们也能说明这一观点。一场被宣布的灾害的功能就是使当地的受害者可以得到财政援助和低息贷款，而大火和地震本身并不会由于其无情性物理特征和物理性结果而产生货币。

同样的观点也可用于刑法。刑法的全部要旨都是调节性的，不是构成性的。例如其要领就是禁止某些先在的行为形式，如凶杀。但是，要能做这种调控的工作，就必须进行处罚，那就需要对违反这种法律的人赋予一种新的地位。因此，在某种情况下（C 项），这个杀害另一个人并且被发现犯了这种杀人罪的人现在被确定为“犯了谋杀罪的刑事犯”（Y 项，因而是制度性事实）这种地位，此人由于这种地位而得到相应的惩罚。因此，“不可杀人”这种调节性的规则产生了相应的构成性规则，即“杀人，在某种情况下算作谋杀，而谋杀被视为可以处以死刑或监禁的犯罪”。

在许多情况下 X 项的选择恰恰是由于它被认为有为实现 Y 项规定的功能所必需的特征。因此，例如像“律师”“医师”“总统”和“大教堂”等每一个表达都表示具有一种对事物赋予功能的地位——法律院校毕业生或医学院校毕业生或者某种选举的获胜者以及可以提供大教堂服务和作为教区所在地举行活动的宏大建筑——恰恰是由于他们被认为能够实现由“律师”“医师”“总统”或大教堂等地位名称所归于的功能。但是，即使在上述这样一些情况下，Y 项还是增添了某种东西。X 项所规定的特征本身并不能足以保证 Y 项所规定的新增加的地位和功能。例如，律师和起子的区别就是，起子只要具有单纯的物理性结构就能够使它发挥其功能，但是对于法律院校的毕业生来说，要成为一名律师，需要得到一个委任书或证书来被授予律师资格。对于占有一种地位的集体同意就构成了具有这种地位，而具有这种地位才是实现归于这种地位的功能所必需的根本条件。

有一类有趣的实例，这些实例中所论及的事物既具有因果性行为者功能又具有相关联的地位性功能。例如墨西哥和美国之间的边境地区现行的护栏，它应当发挥作为防止越过边界的物理性屏障的因果性功能。但它也应当是一种表示国界的标记，表示它是非经许可不得越过的东西。即使在这种实例中，地位性功能也是除物理功能之外所增加的东西，尽管这两种功能都有相同的终极目标。

要点在于，Y 项必须对 X 项所表示的东西规定新的（并不是原来就有的）地位，而这种新的地位必须具有人们的同意、接受或其他形式的集体意向性作为创造这种地位的必要的和充分的条件。但是，你也许会认为，这并不是什么了不得的起作用的手段，事实上，我们将会详细论述，这种机制是形成社会性实在的一种强有力的手段。

第六，最后，在赋予地位性功能与语言之间存在一种特别的关系。作为 Y 表达式的一部分称号，例如“货币”这种称号，现在已经是部分地构成了所创造的事实。也许听起来令人感到奇怪，在创造货币时，用语言表达出来的概念，如“货币”，现在成了我们所创造的事实的一部分。我在下一章将认真考察这一特征。

## 为什么自指不会导致循环

在我列出的需要加以解释的社会实在的六个明显特征中，第一个特征就是这样一种困惑，即如果货币定义的一部分是“被认为、被看作或被相信是货币”，那么我们如何来定义货币呢。我曾问过：任何对货币这个词加以定义或者甚至对货币这个概念作出解释的尝试，会不会导致一种循环或无限后退呢？但是，解决这个悖论是非常简单的。“货币”这个词表示拥有、买卖、赚得、偿付债务、支付服务等由实际活动形成的整个网络上的一个交点。只要这个对象被认为在这些实际活动中具有那种作用，那么在货币的定义中我们在实际上就不需要用“货币”这个词，因此就不存在循环或无限后退。“货币”这个词对所有这些实际活动的语言表达中起着一种占位符号的作用。要相信某种东西是货币，并不需要实际上使用“货币”这个词。只要相信所说的这些东西是交换媒介、价值储存手段、提供服务的酬金等等就足够了。适用于货币的看法也适用于其他制度性概念，如婚姻、财产以及许诺、陈述命令的语言行为等。简言之，一套态度就是某种概念真值条件的部分构成要素，而这些态度通常正是通过使用这个概念概括起来的（例如，想一想某种东西是货币，想一想那些人结婚了），这样的事实并没有产生如下结果，即表达那个概念的词不可能不经循环或无限后退而被加以定义。

虽然我们不需要用“货币”的概念来定义货币从而使我们避免了直接的循环，但我们的确需要其他制度性概念如“买”“卖”和“拥有”等来解释货币概念，而我们要避免恶性循环，只有通过把其他制度性概念包括进来以扩大解释的范围。我们并不希望把“货币”概念归结为非制度性概念。

我在前面谈到过适用于类型概念的自指和适用于标记概念的自指之间的区别。就货币来说，它被认为是一种特别的标记，即使没有一个人认为它是货币，它也能够是货币；但是就鸡尾酒会来说，如果没有人认为一个特殊的事件是鸡尾酒会，那么它就不是鸡尾酒会。我认为，在这一点上我们将鸡尾酒会与货币区别对待的原因与编入法典有关。一般说来，如果所说的制度以“法定的”形式——例如有关货币的法律——加以编入法典，那么，所说的自指就是类型的特征。如果这种制度是非正式的、非编入法典的，那么这种自指适用于每一种标记。编入法典规定了某些特征，一种标记为了能够成为类型中的一例必须具有这些特征。因此，一种标记可能具有甚至没人会想到的那些特征，但是类型仍然是以这种自指的方式被定义的。

我们所讨论的这种自指是行为者功能的性质所产生的直接结果。它并非制度性事实所特有的。所以，比如说，要使某个东西是一把椅子，它必须有作为椅子的功能，因而它就必须被看作椅子或者被作为椅子来使用。椅子不是像货币或财产那样抽象的或者具有象征性的东西，但是这两种情况的要点是相同的。就行为者功能的概念来说，满足一种描述的部分就被认为是满足那种描述的。出于上文所述的理由，这并不会导致循环和无限后退：我们可以通过一套贯穿这种现象的实际活动来替换这种描述。椅子是用来坐的，货币是用来买东西的，工具是用来以不同方式操纵对象的，等等。[1]

## 使用述行话语创造制度性事实

我们需要解释的第二个明显特征是，述行话语在创造许多（但不是全部）制度性事实中的作用。构成性规则的结构提供了这种解释。**一般说来，在 X 项是语言行为的地方，这种构成性规则就会使语言行为作为述行性宣告而被执行，这种述行性宣告创造了 Y 项所**

[1] 在《蓝登书屋词典》中，对“工具”的定义之一是：“可以作为工具使用的东西。”作为一个定义，这似乎过于含糊，但它并不怎么像看起来那样含糊。你可以不把“起子”定义为“可以作为起子使用的东西”，因为有许许多多的东西，例如硬币可以当起子使用却肯定不是起子。但是由于“工具”（不像起子那样）表示一大类行为者功能，所以任何能够当作工具使用的东西，粗略地说，都是工具。

**描述事件的状态**。由于说出某种话语就算作缔结一种契约或者使一个会议延期，你可以通过说你在执行这些活动来实现这些行为。如果你是会议的主席，那么你在适当的情境下说“会议延期举行”就会造成会议延期的事实。如果在适当的情况下说“我任命你为主席”就会出现你成为主席这个事实。如果同样的词由不合适的人在不合适的情况下说出，就不会有这样的效果。由于构成性规则能够将这种功能赋予某种语言行为，因而，在适当的情况下实行这种语言行为就能构成这种功能赋予，从而构成一种新的制度性事实。

据说在一些伊斯兰教国家，一个男人只要对他的妻子说三遍“我同你离婚”，并且丢下三粒白色的石子，就可以与他的妻子离婚。这很清楚地是对“离婚”这个动词的述行式使用，在其他国家并不存在这种用法。那些认为语词的意义就在于使用的人一定会得出结论说，对于穆斯林来说，“离婚”这个词具有不同于其他人用这个词的意义。但情况并非如此。这里出现的情况是，一种新的地位性功能被赋予一个现存的句子形式。“我同你离婚”这个句子形式在加上一种新的地位性功能时，并没有改变它的意义；而这种句子形式现在只是用于创造一种新的制度性事实，即依据新的构成性规则的特别的离婚，按照这种规则，丈夫说三遍“我同你离婚”并相应地三次作出丢弃的手势就算作与他的妻子离婚了。因此，这种述行式话语创造了一个新的制度性事实，即离婚。

甚至关于20美元钞票的陈述，虽然并不包含述行式动词，但它也是一种宣告。它宣称，“此票为支付一切公私债务的法定货币”。但这个话语不是一个经验的断言。例如，如果问财政部“你怎么知道它是法定货币？”或者问“证据是什么？”那是不合适的。当财政部说它是法定货币时，他们是在宣告它是法定货币，而不是宣布它已经是法定货币这样一个经验事实。

通过宣告来创造制度性事实，这种可能性并非对每一个制度性事实都适用。例如在橄榄球赛中，你不可能光靠说达阵就能达阵。

让我们来总结这一要点：述行式话语在创造制度性事实中起着特别的作用，因为在“X 算作 Y”的公式中，Y 项所表示的地位功能常常可以（虽然并不总是）直接通过宣告它被赋予这种功能而被赋予。这个结论特别适合于 X 项本身是一个语言行为的情况。

## 无情性事实在逻辑上先于制度性事实

我们需要解释的第三个明显的特征涉及无情性事实对于制度性事实的先在性。如同对待第二个特征那样，这个特征要通过构成性规则的结构来解释。制度性事实的结构是“X 在 C 情境下算作 Y”这种形式的等级结构。这个等级在某些现象中不得不降到最低程度，这些现象的存在并非出于人们的同意。这正是以另一说法表明，在存在着赋予某种东西以地位性功能的地方，就必须有使这种功能得以赋予的某种东西。如果它被赋予另一种地位性功能，那么这样下来，就会达到某种最低限度的事物，这个事物本身不是任何形式的地位性功能。例如，如我前面说到的，各种东西都可以是货币，但必须有某种物质的体现，即某种无情性事实——即使是一张纸或电脑光盘上的一个信号——我们可以将我们关于地位性功能的制度形式赋予这种东西。因此，没有无情性事实就没有制度性事实。

这种论述预示了我将在本书第七章和第八章所作的关于实在论的论述。事情不可能像某些反实在论者主张的那样，一切事实都是制度性事实，不存在无情性事实，因为对制度性事实的这种分析揭示了这些制度性事实依赖于无情性事实。假定一切事实都是制度性的，那就会产生对制度性事实的说明的无限后退和循环。为了使某些事实是制度性事实，就必须有一些其他的无情性事实。这是制度性事实的逻辑结构产生的结果。

## 系统性关系和行为先于对象

我们的第四个问题就是，为什么在制度性事实中总是有某种系统性关系？第五个问题是，为什么制度性行为显得先于制度性对象？

之所以在我试图描述的那种类型的各种社会事实中存在着系统性关系，最显而易见的原因就是，所说的这些事实恰好是为这种目的所设立的。政府的设立是为了以各种方式对我们的生活施加影响，货币的设立是为了在各种交易中提供一个价值单位。就连显然是为了同我们的其他生活分开而设计出来的各种游戏，也要使用诸如权利、义务、责任等手段，如我在前面已经指出的，这些手段只有在各种其他的社会事实是既定的时候才是易于了解的。

对社会行为明显地先于社会对象的解释就是，这些社会的“对象”实际上是为了服务于行为者功能而设立的，否则对我们就没有什么意义。我们认为是**社会对象**的东西，如政府、货币、大学等等，事实上只是代替各种**行为**模式的占位符号。我希望以下这一点是很清楚的，即行为者功能和集体意向性的全部运作就是这样一回事，即正在进行着的各种活动，以及创造更多的正在进行的活动可能性。

在我们的整个讨论中，我们总是在谈论制度性**事实**而不是制度性**对象**，这就不知不觉地承认了上述这种观点。在制度性实在中包含的这种物质对象如一堆纸，是像任何其他对象那样的对象，但对这些对象赋予地位性功能就创造了描述这种对象的一个层次。在这个层次上，这个对象是一种制度性对象即一张 20 美元的钞票。对象并没有什么不同，而是一种新的地位以及与之相伴随的功能被赋予一个旧的对象（或只是为了服务于新的地位性功能而创造出来的一个新的对象）。但是，那种功能只有在实际的交易过程中才会显示出来。因此，我们所关心的不是这个对象，而是显示出这种功能的过程和事件。

正如有几位社会理论家指出的，过程先于结果也说明了，制度为什么不会因连续使用而逐渐衰竭，而是每次对制度的使用在一定意义上都是对那种制度的更新。汽车和衬衣由于我们的使用而逐渐磨损破旧，而对制度如婚姻、财产和大学的不断使用则会使制度得到更新和强化。我所作出的说明解释了这样一个事实：由于被赋予这种功能的现象仅仅通过它的物理性构成并不能实现这种功能，而是要通过使用者的连续的集体意向性，因此每次对制度的使用都是使用者对这个制度承诺的新的表达。个别的美元钞票会磨损，但是纸币制度则会由于对它的连续使用而得到加强。

我们需要解释的第六个和最后一个特征涉及在制度性实在中语言的作用，我在下一章中就会论述这个问题。

# 第三章　语言和社会实在

这一章的主要目的就是要解释和证明我关于语言是制度性实在的根本构成因素的论断。我已经笼统地作出了这个论断，但现在我要把这个论断所包含的意义充分明确地表示出来，还要提出对它的论证。在本章的结尾我会提到语言在制度性事实中的其他功能。

在上一章我说过，如果没有某种形式的语言，看来就不可能有像货币、婚姻、政府和财产等这样的制度性结构，因为从某种我尚未解释的难以理解的意义上说，词或其他符号是部分地构成这些事实的因素。但是当我们想到社会性事实一般并不需要语言时，这种看法就似乎令人感到困惑不解。前语言时期的动物能够有各种合作的行为，而婴儿明显能够不用任何词语而以非常复杂的方式进行社会性的互动。而且，如果我们要说制度性实在需要语言，那么语言本身又怎么办呢？如果制度性事实需要语言，而语言本身也是一种制度，那么由此看来，语言就必定需要语言。这样，我们要么陷入无限后退，要么就陷入循环。

我们的论断有较弱的形式和较强的形式。较弱的形式的存在就是，为了有制度性事实，一个社会必须至少具有一种原始形式的语言。在这个意义上说，语言制度在逻辑上先于其他制度。按照这种观点，所有其他制度都先要有语言作为必要前提，但语言并不需要以其他制度为必要前提，从这个意义上说，语言是基本的社会制度：你毋需有货币、婚姻制度等就能够有语言，但反过来就不行。我的论断的较强的形式就是，每一种制度都需要有该制度中相关事实的语言因素。我相信，这两种形式的论断都是正确的，我将对较强形式的论断进行论证。较强形式的论断蕴涵着较弱形式的论断。

## 依赖语言的思想和依赖语言的事实

为了解释我将提出的这些论点和论据，我只需简要地作出某些基本的说明和区分。我需要明确地揭示，语言的何种特征与这个问题相关。我并不试图对“语言”加以定义，许多对充分发展的自然语言来说是重要的特征——例如无限的再生能力，表示手段、量词和逻辑联结词的以言行事力量的存在——与我们这里所讨论的问题无关。对于构成制度性事实来说极为重要的语言特征就是符号性手段如语词的存在，那就是通过约定来**意指、代表或表示**某种在语词本身以外的东西。所以，当我说语言是制度性事实的部分构成因素时，我的意思并不是指制度性事实需要像法语、德语或英语这些充分发展的自然语言。我关于语言是制度性事实的部分构成因素的论断相当于这样一个论断，即在符号性这个意义上制度性事实本质上包含着某种符号性因素：存在着语词、符号或其他**约定性手段**，它们**以某种公众可理解的方式意指、表达、表征或表象**在它们之外的某种东西。我想在这一点上那似乎是非常粗略和平常的，因为到现在为止，只是为了规定我所要主张的语言特征具有对制度性实在的构成作用。

就我在这里所使用的这个概念来说，语言必不可少地包含着用符号表示的东西；与前语言的意向状态不同，在语言中这种意向性能力不是这些东西所固有的，而是由人类固有的意向性所赋予或产生的。“我肚子饿”这个句子是语言的一部分，因为它具有依据约定表现或用符号表示的能力。但是，实际的饥饿感并不是语言的一部分，因为它本质上表示了它的满足条件。你并不需要语言或任何其他约定来感觉饥饿。

我们首先需要区分不依赖于语言的事实（如珠穆朗玛峰的峰顶有冰雪这一事实）同**依赖于语言的事实**（如“珠穆朗玛峰的峰顶有冰雪”是一个英语句子这一事实）。虽然无疑存在着一些临界情况，但原则是足够清楚的——如果一个事实的存在不需要语言的因素，那么这个事实就是不依赖于语言的事实。即使去掉一切语言，珠穆朗玛峰的峰顶附近仍然有冰雪。如果去掉了一切语言，你也就去掉了“珠穆朗玛峰的峰顶有冰雪”是一个英语句子这个事实。

我们需要作出第二个区分就是**依赖于语言的思想**和**不依赖于语言的思想**之间的区分。有些思想是依赖于语言的，意思就是说一种动物如果没有语词或其他语言手段来考虑这个思想，那么它就不可能有这种思想。但是有些思想是不依赖于语言的，意思是说，一种动物没有语词或其他语言手段也能有那些思想。依赖于语言的思想的一个明显例子就是“珠穆朗玛峰的峰顶有冰雪”是一个英语句子这个思想。一种没有语言的生物不可能考虑那个思想。不依赖于语言的思想的最明显例子就是不需要任何语言手段的非制度性的、原始的、生物学的倾向和知觉。例如，动物能够对饥渴感有意识，而每一种这样的感觉都是一种欲望形式。饥饿是吃的欲望，渴是喝水的欲望，欲望是具有完全意向内容的意向状态，用时下的行话来说这些欲望是“命题态度”。此外，一种动物可能有前语言的知觉以及由这些知觉产生的前语言的信念。我的狗能够看到、嗅到一只爬上树的猫，并且形成这只猫在树上的前语言的信念。它在看到并嗅到这只猫跑进邻居的院子里去时甚至能够纠正原来的信念并形成新的信念。关于前语言的思想的其他实例就是恐惧与愤怒之类的情绪。我们应当承认我们既见到过有些思想依赖于语言而不可能为任何前语言的生物所具有的事实，又见到过有些动物可能具有前语言的思想这个事实。

了解了上述这些区分以后，让我们再来谈一谈我打算考察的问题。我已经论证过，有些事实表面上看起来似乎不是依赖于语言的——例如关于货币和财产的事实——而实际上却是依赖于语言的。但是，由于货币和财产并不像英语句子，它们既不是语词，又不是由语词所构成，那么它们怎么可能依赖于语言呢？

一个**事实**若是依赖于语言的，其充分条件是要满足以下两个条件：第一，必须有心理的表现（如思想）作为参与构成这个事实的因素；第二，这里所说的表现必须是依赖于语言的。直接从构成性规则的结构就可得出，这两个条件中的第一个是由制度性事实来满足的。Y 项规定的地位性功能只有在它被认可、被接受、被承认或者被相信时才能得以实现，从这个事实可以得出，所说的制度性事实仅当被表示为存在的时候，它才能存在。你可以问问自己，要使我手里的这张纸是 20 美元的钞票这个说法是真的，或者汤姆拥有一幢房子这种说法是真的，必须具备什么样的条件呢？你会知道，必须有某种心理的表现作为参与构成这些事实的因素。只有当人们对这些事实有某种信念或其他心理的态度时，这些事实才能存在。我在前面说到，一种类型的事物仅当人们相信它是货币时才是货币；某种东西仅当人们相信它是资产时才是资产。这就是我们这些说法所要表达的意思。在这个意义上说，所有制度性事实在本体论上都是主观性的，但一般说来它们在认识论上是客观的。

但第二个条件又怎样呢？所说的表现必须是依赖于语言吗？满足第一个条件本身并不能导致满足第二个条件。一个事实可能包含着某种心理状态作为其构成性特征，但仍然可以不是语言性的。例如，假定我们随便造一个词“狗食骨”意指至少有一条狗想要吃骨头。那么，如此这般就是狗食骨这个事实部分地由狗的某种心理状态所构成。但这里并没有什么有关这种心理状态的必要的语言因素，因为狗可以有吃骨头的愿望而没有任何借以表达这种愿望的语言。

那么，这种狗食骨同货币的区别是什么呢？为什么相信某种东西是货币这种信念需要语言它才能存在，而狗想吃骨头的愿望却不需要语言就能存在？为了使我能够认为“这是货币”，到底必须出现什么情况呢？在第二章我们看到，我并不需要用“货币”这个词本身，所以货币这个词并不是一定要包括到它自身的定义里去的。但是我为什么仍然必须要有词或类似于词的因素才能思考这些思想呢？这不是一个无关紧要的问题。只有在我把某种 X 算作具有 Y 项表示的地位性功能时，才能在 X 到 Y 的转换的性质中找到这个问题的答案。简言之，答案只能来自对这种地位性功能的性质的理解。我要给出的回答，稍微提前一点说，就是 X 到 Y 的转换就其本身来说（*eo ipso*）是一种语言的转换，甚至在表面看来并不涉及语言的情况下也是如此。

## 为什么任何思想都是依赖于语言的？

我们原来的关于制度性事实都是依赖于语言的论题最终归结为，

作为制度性事实构成因素的思想都是依赖于语言的这个论题。但为什么是这样的呢？论据何在？首先我们要问，为什么**任何思想**，除了有关语言因素本身的思想以外，都是依赖于语言的呢？这有几种不同的情况。

首先，有些思想非常复杂以至于如果没有各种符号在**经验上**就**不可能**来思考它们。例如，数学的思想就需要一套符号系统。对一个前语言状态的动物来说，就连思考这样简单的一个算术思想都是极为困难，或许是不可能的，如，

371+248=619

但这些是在经验上困难的实例。由于构成我们本性的特有方式，表达复杂和抽象的思想需要用语词和符号。我觉得不用语言思考这种思想在**逻辑上**并非不可能。我们可以很容易想象进化的过程中可能产生一种生物不用符号就可以思考复杂的算法关系。

另一种情况涉及语言作为一种**逻辑的必然性**的问题，因为对思想的语言表达是思想之为思想本身必不可少的。例如，考虑一下"今天是 10 月 26 日星期二"这个思想。由于这个思想的内容规定这一天在一个确定日和月的语词系统中的位置，因而这样一个思想需要一套确定的语词或者英语和其他语言中的同义词。这就是我的狗之所以不可能思考"今天是 10 月 26 日星期二"的原因所在。

我们作为掌握相关词汇的人可以把"今天是 10 月 26 日星期二"这个表达式翻译成法语，但不可能翻译成根本不同的历法，例如玛雅人的历法，玛雅人使用他们的历法系统，他们可以确认我们称之为"10 月 26 日星期二"的实际的一天，但是他们的思想并不能翻译为"10 月 26 日星期二"。同样的所指却有不同的含义。

思想是依赖于语言的，因为相应的事实是依赖于语言的。除了它占有语词系统中一个相关的位置这个事实以外，并没有一个关于

它是10月26日星期二的事实。有人可能会说："但这恰好也同样适用于比如说狗和猫。某种东西只有相对于一个语言系统才能正确地称之为'狗'和'猫'。某种东西只有相对于一个一般地确认各种动物和各种对象的系统它才算是一条狗。"这里存在着这样一个关键性的区别：一个对象**由于具有这些特征而使"狗"这个词能适用于它，也就是说，由于这些特征它才是狗，这些特征是不依赖于语言而存在的特征**。如果在人们可以不依赖于语言而思考那些特征这个意义上来说，那么人们也可以不依赖于语言而具有那些思想。但是据以确定今天是10月26日星期二的这些特征则不可能不依赖于一种语词系统而存在，因为今天是10月26日星期二是一个相对于一种语词系统而存在的事情。如果没有语词系统，也就没有这样的事实，尽管这一天不管任何人对它怎样看、怎样说仍然是这一天。简言之，这种思想是依赖于语言的，因为构成这个思想内容的要素就是，这一天满足那些只有相对于那些语词才存在的条件。

今天是10月26日星期二这个事实不是一个制度性事实，因为，虽然这一天本身是要在制度上来确定的，但并没有一个称号所表示的新的地位性功能。[1] 现在我们来考察制度性事实。我认为，这是一张20美元的钞票或这是我的财产这些思想需要一种语言作为概念性的必要条件。我认为，这些思想如同关于今天的日期的思想一样，根本上都是依赖于语言的思想。为什么呢？

## 游戏与制度性实在

为了论证上述论断，我想先来考虑一些有关游戏的比较简单的

[1] 有些表示日期的名称是代表地位性功能的称号，例如"圣诞"或"感恩节"。这些称号不只是确定一个相对于一种语词系统的日子，它们还规定带有一些功能的地位。

事实，因为这些事实可以说明我要提出的观点。试想一下在橄榄球比赛中得分的情况。我们说“一次达阵算六分”，这并不是任何人毋需语言符号都能够有的思想。但是，再说一遍，为什么呢？因为得分的情况只有相对于一种表征分数或计算分数的语言系统才能存在，因而只有在我们具有这种系统所必需的语言工具时，我们才能够想到这种得分。然而，这就要进一步追问下去。为什么只有相对于这样一种语言系统得分情况才能存在呢？简单的回答就是，如果你把表征得分的所有符号工具都去掉，那么，在那儿就什么也没有了。因为在那儿只有表征成计算得分的这种系统。但是，如果这使我们产生一种印象以为得分只是一些语词而已，那就是一种误解。那是不对的。语词有其影响，人们拼命力图得分并不是为了争取单纯的几个词，因为得分决定输赢，因而是产生从狂喜到绝望的情绪的原因。仅仅是语词似乎不可能成为如此深刻的情感的焦点。但是，并不存在不依赖于语言和其他符号的关于我们得了六分的思想。得的分数可以通过实际词语以外的其他符号手段来表征。例如，我们可以通过累积一堆石头来计分，一块石头算一分。但是这样一来石头就成为同其他任何语言符号一样的语言符号，它们都会有语言符号的三个根本特征：它们都是表象它们以外的某种东西的**符号**；它们能够这样进行表象是通过**约定**；它们是以**公共的**方式进行这种表象的。

对得分情况并没有前语言的感知，也没有对得分的前语言的信念，因为那里除了有关的符号手段以外并没有什么可以感知到的或者可以对它具有信念的东西。动物不可能像感知猫上树那样以前语言的方式感知得分，也不可能像欲求食物那样用前语言的方式欲求得分。

但是，为什么动物不是像生来就有喝母乳的前语言的欲望那样，生来就有在橄榄球比赛中得分的前语言的欲望呢？答案就是，得分的欲望没有独立于一个被社会接受的、表征分数和计算得分情况的系统的内容。如果抛开所有计分的符号系统，那么你就抛开了所有与得分有关的可能的信念、愿望以及思想。我将要论证，适合于橄榄球赛中得分的观点也适合于货币、财产以及其他制度性现象。

我们在了解这些事实时遇到的困难，部分地来自我们所具有的某种关于语言如何工作的模式。这种模式对于大量的情况是适用的，于是我们就认为这种模式在一切情况下必定都是适用的。这个模式就是：有许多语词和表达式，这些语词和表达式都有意思或意义，由于这些意思，它们就有了指称。例如，“黄昏星”这样一个表达式，它有意思或意义，通过这种意义，当我们考虑到或说出这个表达式时，我们便提到或想到这个不依赖于语言的对象——黄昏星。按照这种模式，如果你能够不用语词而思考这种意思或意义，那么你也能够离开语词想到这种指称。你所要做的全部事情就是把这种意思或意义同这个表达式分开，而只思考这种意思或意义。似乎我们一定**总是**能够分离出这种意义，因为我们能够把这个表达式翻译成其他语言，这种可翻译性似乎证明了有一种可分离的、可以思考的意思可以时而依附于英语语词，时而依附于德语语词等等。这种模式使我们产生一种印象，即似乎并没有必然依赖于语言的思想，因为任何语言的任何表达式似乎都可翻译成别的语言，这似乎就意味着这种可思考的意思总是能够从可表达的或可书写的表达式中分离出来。

不管给这种模式加上什么样的限制，它都不适合于制度性事实。就比赛中得分的情况来说，我们可以清楚地看出为什么它不适用于制度性事实。即使我们没有表示“人”“线”“球”等这些词语，我们也能够看到那个人带着球越过了线，因而我们可以不用语词而思考一种思想，这种思想用语词说出来就是“这个人带球越过了线”。但是除此以外我们不可能看到这个人得了六分，因为除此以外看不到还有什么别的东西。“六分”这个表达式并不像“人”“球”“线”以及“黄昏星”这些表达式那样指称某个不依赖于语言的对象。“得分的情况”并不是像行星、人、球、线等那样明显地摆在那儿。

我希望到现在为止读者都跟我有同样的直觉，因为我现在想陈述这些直觉所依据的一般原则。在最低的层次上，创造制度性事实的 X 到 Y 的转换是一种从无情性层次到制度性层次的变动。我已经一再地强调指出，这种变动只有在它被表征为存在着的时候才能存在。但是不可能有表征 Y 因素的前语言的方式，因为在那里除了 X 因素以外，没有什么东西可以使人用前语言的方式感知到或者注意到，在那里，除了 X 因素以外没有什么东西可以前语言地作为欲望或趋向的目标。离开语言，我们可以看到这个人带球越过白线；离开语言，我们可以希望一个人带球越过白线。但是我们不可能离开语言而看到这个人得了六分或希望这个人得六分，因为得分不是某种可以不依赖于语词或其他种类的标记就能想到或者就能存在的东西。我们会发现，适用于比赛中得分的看法也适用于货币、政府、私有财产等。

现在可以把从这个例子当中得到的认识扩展到一般制度性事实。正是因为地位—功能的设置本身就是，它们二者都是部分地通过思想而构成的，而前语言形式的思想是不适合于做这件事的。原因在于，这些地位性功能只能通过集体同意的方式才能存在，而且不可能有任何前语言的方式来表示这种同意的内容，因为在那里没有前语言的自然现象。Y 项创造了一种加在 X 项的物理性特征上的地位，这种地位必定为不依赖于我们的自然倾向的行为提供理由。这种地位只有当人们相信它存在时才存在。这种理由只有当人们接受它为理由时才发挥功能。因此，行为主体必须有某种方式来表示这种新的地位。他不可能通过 X 项的前语言的无情性特征来表示这种地位。他不可能仅仅从有关钞票的颜色和形状的思想得知货币的地位，正如他不可能仅仅从关于带球的运动的思想达到“达阵得六分”的地位。因为新的地位只是通过约定才存在，必须有某种约定方式来表示这种地位，否则这种系统就不会起作用。“但是，为什么 X 项本身不可能成为表示这种新地位的约定方式呢?”回答就是，它可以成为这种方式，**但是将这一作用归于 X 项恰恰就是将它归于一种用符号或语言表示的地位**。

要注意，地位—功能对语言的依赖不同于因果性行为者功能。我们可以无须任何语词或其他语言手段想到这是一把起子，因为我们可以只是想到这个东西是用来拧紧其他东西的。要把一个对象作为一把起子来对待和使用，语词根本没有逻辑上的必要性，因为起子发挥这种功能是它的无情性物理结构使然。但是，对于地位—功能来说，X 要素的结构特征本身并不足以决定 Y 功能。在物理性上，X 和 Y 恰好都是相同的东西。它们之间的区别只在于我们把一种地位赋予 X 要素，这种新的地位需要有**标示手段**，因为从经验上说，在那里并没有任何别的东西。

总而言之，由于在创造制度性事实中从 X 到 Y 的转换的 Y 层次上，除了对它自身的表征以外，并不存在别的东西，所以我们需要有表征它的某种方式。但是并没有表征它的自然的前语言的方式，因为除了 X 要素以外 Y 要素并没有自然的前语言特征可提供表征的手段。所以，我们必须用语词或其他符号手段来实现从 X 到 Y 地位的转换。

我相信，如果我们注意到制度现象的道义地位，就会使上述这些观点变得更加清楚。在动物群中奔跑的动物可能有各种意识和它们所需要的集体意向性。它们之间甚至有不同的等级和一个雄性统治者，它们能够在追捕猎物、分享食物时进行合作，甚至还有雌雄成对的结合，但是，它们不可能有婚姻、财产和货币。为什么没有呢？因为所有这些东西都创造了权力、权利、义务、责任等制度形式，而正是这样一些现象的特征使它们产生了行为的理由即独立于你、我或任何一个人的其他倾向的行动。假定我训练我的狗去追赶飘走的钞票，并把这些钞票捡回来送给我从我这里换得食品，它也仍然不是在购买食品，这些票子也不是它的货币。为什么不是呢？因为它不可能对它自己表示相关的道义现象。它也许会想“如果我把这个给他，他就会给我那个食品”。但它不可能想到，我现在有购买东西的权利，如果别的某个人有这个东西，他也同样会有购买东西的权利。

此外，这种道义现象不能归结为更原始更简单的东西。我们不可能为了某些行为倾向或者由于害怕不做某种事情所造成的消极后果而分解或消除这些现象。众所周知，休谟（Hume）以及其他许多人都试图进行这样的消除，但都没有成功。

在这一章我已经论证了制度性事实一般都需要语言，因为语言是构成这些制度性事实的部分因素。但是让我们把问题调转过来。是不是能够有某种制度性事实是不依赖于语言的，真正满足我们的 X 算作 Y 的公式，在这里 Y 项通过集体意向性赋予一种新的地位，而这种意向性不是依赖于语言的？那么，我们最初关于物理性围墙渐渐损毁变成一条石头线，这样的纯粹象征性的屏障的例子又如何呢？难道这不是一个不需要语言的制度性事实的例子吗？这要取决于这个部落怎样看待这条石头线。如果，仅仅作为一个事实，他们不打算越过这条线但只是出于习惯而避免越过这条线，那么，他们并不需要一种语言来表达这种倾向。例如，有一些前语言的动物能够被训练得不越过某种界线，而许多动物则具有各种各样不计其数的自然方法来标示地域的边界。正如布鲁姆（Broom）所描写的那样，“给领地设置界线的方法可以像鲫鱼或其他礁鱼那样用视觉，可以像许多鸟那样用听觉，也可以像许多哺乳动物对气味特征那样用嗅觉，或者像带电鱼那样用放电的方法”[1]。如果我们想象中的部落并不倾向于越过边界，那么他们并没有我们所说的意义上的制度性事实。他们只是具有以某种方式行事的倾向，他们的行为正像某些动物标示它们的领土界线的情况那样。在这里并没有对于这种标记的道义成分。动物只是以如此这般的方式行动，这里的“行动”只是意指它们的身体以某种特定方式运动。

但是，如果我们假定这个部落的成员承认这种石头线创造了权利和义务，他们被**禁止**越过这条线，他们**不应当**越过这条线，那么我们就有了符号化表示方法。现在，这些石头就使某种超越它们自身的东西符号化了；它们发挥语词那样的功能。我并不认为在制度性的和非制度性的现象之间，或者语言和前语言现象之间，存在着截然分开的界线，但是如果我们考虑到这种现象是真正的制度性事实，而不仅仅是习惯性行为的限制形式，那么正是在这个程度上，我们必须把语言看作是这种现象的构成性因素，因为在 X 对象上加上 Y 功能这一变动是一种符号化的变动。

## 语言是否需要语言？

然而，论述到这里，似乎使我们遭遇到一种困境。我说过，制

[1] Donald M.Broom，*The Biology of Behavior*：*Mechanisms*，*Functions and Applications*（Cambridge：Cambridge University Press，1981），pp.196—197.

度性事实需要语言，因为语言是这种事实的构成因素。但是，语言性事实也是制度性事实，这样看来似乎语言需要语言。这是不是会导致无限后退或另一种形式的循环呢？对于这种循环的第一个指责——表面的循环，即定义像“货币”这样的制度性概念时似乎在这个定义中正需要被定义的这些概念——我们通过扩大范围去容纳其他制度性概念来避免。那么，我们怎样才能避免关于语言需要语言这种循环的指责呢？

对这个问题简短的，但听起来不那么令人满意的回答就是，语言不需要语言，因为它已经是语言。现在让我来解释这种说法是什么意思。要求有一种表示制度性事实的语言性标记，就是要求以某种约定的方式参与这种制度来标记 X 要素现在具有 Y 地位这个事实。由于在 X 要素的物理性质中并没有什么东西能够给予它这种 Y 功能，由于这种地位只是通过集体的同意而形成的，而且由于这种地位具有并非物理属性的道义属性，因而这种地位若没有标记物就不可能存在。这些标记物部分地构成了这种地位。必须有某种方式标记一个人持球达阵成功算得六分的事实，但是在这种情况的物理属性中并没有什么能够显示这种事实的东西，而这并不是一个认识论的观点而是本体论的观点。同样，在我和这块地之间的物理关系中并没有能够使它成为我的财产的东西。在这张纸的化学成分中并没有能够使它成为 20 美元钞票的东西。因此，我们必须有某种符号性手段来标示这种制度性事实。但是对这些符号性手段本身又怎么办呢？怎样把它们标记为符号性的东西呢？如果在这张纸的物理结构中没有什么使它成为 5 美元钞票，在这块土地的物理结构中没有什么能使它成为我的财产，如果这的确是真的，那么从我嘴里发出的声音的声学性质或者我在这种纸上写出的记号的物理性质中没有什么东西能够使它们成为语词或其他类型的符号，这同样也是真的。

要解决我们的这个难题就要认识到语言恰恰是自我认同的一种制度性事实。儿童生长在这样一种文化中：她试着把那些从自己或其他人口中发出的声音视为代表、意指或表征某种东西。这就是我在说到语言并不需要语言才成为语言，因为它已经是语言这种说法时所要表达的意思。但是，这不是使我们的问题退得更远了吗？为什么不可能所有的制度性事实都具有这种自我认同的语言性质？为什么儿童不可能生来就把这种如此这般的东西看作私有财产，或者生来就把这个物理对象看作是货币呢？答案是，儿童是能够这样做的，但是恰恰在他能够做到这样时，他才把这个对象看作将某种它本身以外的东西符号化了；也把它看作至少是部分地具有语言性质的东西。

从无情性地位到制度性地位的转换本身就是一种语言上的转换，因为 X 项现在使自身以外的某种东西符号化了。但是这种符号性的转换需要思想。为了能够思考这种构成从 X 项到 Y 项地位的转换的思想，就必须有一种表达思想的工具。你必须有某种用以思考的东西。X 项的物理性特征是不足以表达思想内容的。但是，凡是能够以约定的方式来使用，并且作为这种思想内容的承载者来思考的任何对象都能够用来思考这种思想。用来进行思考的最好对象就是语词，因为思考的东西就是语词所表示的一部分。的确，构成某种东西为语词的条件就是它是可思考的。但是，严格地说，任何约定的标记物都是适用的。虽然以语词来思考比较容易，但以人或山等来思考就很困难，因为它们有过多无关的特征而且难以掌握。所以我们使用真正的语词或者类似语词的标记物作为表达思想的工具。通过运用语词，我们说“那是我的财产”，“他是主席”等等。但是像“财产”“主席”这样的语词并不像“黄昏星”代表黄昏星那样代表前语言的对象。有时，我们把标签或符号用到 X 要素本身上。比如，“本券为支付一切公私债务的法定货币”这样的标签。但是，至少这种标签现在部分地是一种宣告：它通过把自己表征为存在从而创造了制度性地位，但它并不表征某种前语言的自然现象。

我们可以通过约定把 X 对象本身当作具有 Y 地位，如我们可以把铸造的金属当作货币，或者把石头线当作界线，但这样做已经规定了一种语言上的地位，因为这些对象现在已经是超越自身某种东西的约定的公开符号；它们表象一种物理性质以外的道义地位。就我所能想到的关于 X 项以这种方式进行自我认同的全部情况都是具有语词的本质特征的：适用类型—记号的区分，X 要素是易于认别的，它们是容易思考的，我们把它们看作是通过约定来使 Y 地位符号化的。

从没有文字的社会到现在，存在着许多并非语词但具有恰好像语词一样功能的约定的标记。这里可以举出六七个例子来：在中世纪，在重罪犯人的右手掌上烙上印记来表示他们是重罪犯。我们在法庭上宣誓时之所以必须举起右手，原因就在这里，这样就使每个人都能看到我们不是重罪犯人；在牧师的头顶上剃光一块地方来标示他们是牧师；国王要带上王冠；丈夫和妻子要戴上订婚的戒指；牲畜被打上烙印，以及许多人穿上标示其身份的制服。

本章的全部论证产生了一个奇怪的结论。我对这一结论并不能完全感到宽慰，这个结果是这样的：从 X 到 Y 的转换本质上已经是语言性的转换，因为对一旦赋予 X 要素以功能它就使某种另外的东西（即 Y 功能）符号化了。仅当集体地把这种转换表征为存在的，它才能够存在。这种集体的表征是公开的和约定的，而且需要某种表征的工具。光是审察或者想象 X 要素的特征是无济于事的。所以我们需要诸如“货币”“财产”等这样一些语词，或者我们需要类似语词的符号，例如我们刚才谈到的那些符号，或者在某种限定的情况下，我们把 X 要素本身作为对 Y 功能的**约定的表征**。就我们能够进行这种表征来说，这些 X 要素本身必须或者是词或符号，或者是以像语词那样能够既担负着 Y 功能又能表征从 X 到 Y 的转换。

这种论述还有这样一个结果：把一种意义、一种符号性功能加在一个本来并不具有这种意义的对象上的能力不仅是语言的先决条件，而且也是制度性实在的先决条件。这种前制度性的符号化能力是创造一切人类制度的可能性条件。在某种情境下，发出“猫在垫子上”这样的声音就算是作出猫在垫子上的陈述；而在某种情况下，持球越过线就算作达阵得分，这两者都是按照这种公式产生制度性事实的例子。这两个例子之间的差别就是，创造语言行为就是创造某种具有进一步表征能力的东西，但在这种意义上比赛中的得分并不代表自身以外的某种东西。陈述可真可假，但达阵并不像语言行为那样具有语义学属性。

通常，“代表”关系需要不依赖于代表它的符号而存在的某种对象，但就最低层次上的制度性实在来说，按照构成性规则给一种对象赋予某种意义的活动创造了潜在的指称它的特定范畴。符号并不产生猫、狗、黄昏星之类的东西；符号只是创造了以公共可接受的方式指称猫、狗、黄昏星之类东西的可能性。但是符号表象创造了货币、财产、竞赛中的得分以及政治职务的本体论范畴，同样也创造了语词的范畴和语言行为。一旦创造出这些范畴，我们就有了能够表示黄昏星等东西的意义和指称的区别。因此，我们就能够像成功地指称黄昏星（或不能指称“黄昏星”）那样能够指称（或不能指称）“在第四节末达阵得分”或者“美国总统”，但是二者的不同之处在于，创造达阵得分和总统等的范畴已经由我们对 X 项赋予地位—功能所依据的结构而取得，因为赋予这种地位—功能就创造了这些特征的存在。

这样思考一下：使“猫”这种声音表示其意义的东西也就是使这种纸发挥美钞功能的东西。但是，“猫”这种声音具有指称功能，而这张纸则没有这种功能。例如，凡是说话者说出的句子中谈到猫的地方，都能够出现“猫”这种声音。而这些纸张，即使是被解释为美钞的纸张，则不能像这样用于指称。但是把这些纸张作为美钞使用的这种实际活动则创造了一类存在物，没有这种实际活动便不能创造这类存在物。它创造了这样一类存在物：美钞。要使这种活动能够存在，人们就必须能够想到“这张纸是一张美钞”，这种思想是没有语词或其他符号便不可能想到的思想，即使所说的唯一符号就是对象本身。

## 语言在制度性事实中的其他功能

前面这种讨论总是显得很抽象，而且谈的是创造制度性实在的可能性条件、语言的条件或其他条件。但是如果我们考虑像法语或德语这样的实际的自然语言并且考虑到社会制度的实际的复杂性，那么我们就可以知道制度性事实之所以需要语言的其他一些原因。

**第一，语言在认识论上是不可缺少的。**

我说过，在制度性事实的结构中，我们对 X 项赋予仅靠其物理构造不可能实现的 Y 地位—功能。但是现在我们应当怎样说明是何种存在物具有这种赋予它们的地位性功能？对于许多——不是一切——因果性行为者功能来说，我们很容易说出何种对象是椅子、桌子、锤子和起子，因为你可以从物理结构中看出这种功能。但是，当涉及货币、丈夫、大学教授以及私有财产时，你就不可能从对象本身的物理属性中看出这些东西，你需要有标签。例如，要使我们

**承认**这张纸是货币，我们就必须有某种语言的或符号方式来表征新创造出来的有关这些功能的事实，因为我们不可能从这些对象本身的物理属性中看出这些事实。要承认某种事物是货币这个事实就需要通过语言或符号把它表征出来，在下一章讨论我所说的“地位指示物”时，我将更多地论述这个特征。

**第二，所说的社会所固有的事实必须是可以交流的。**

如果这个系统是能够发挥功能的，那么这些新创造出来的事实必须是在人与人之间可以相互交流的，甚至在肉眼看不到这种事实时也是如此。如果这个系统是发挥功能的，你必须能告诉人们你已经结婚、你是主席、会议休会了。即使在简单的制度性事实中，这种可交流性也需要一种可以公开交流的手段，即语言。

**第三，在实际生活中所说的现象是极为复杂的，表示这种复杂的信息就需要语言。**

甚至最明显的简单的买卖活动都有很大的复杂性，如我们在本书开始时谈到的在一个咖啡厅要杯啤酒的例子。由于这种事实的结构只是在它得到表现的限度内才存在，所以这种复杂的事实就需要一种复杂的表现系统来表示它们的存在，这种复杂的表现系统就是语言。

**第四，所说的这些事实不依赖于这一制度的参加者持续的愿望和倾向，而在时间上持续下去。**

这种持续的存在需要对不依赖于参加者的更原始的、前语言的心理状态的事实有一种表征手段，即语言的表征手段。

# 第四章　制度性事实的一般理论（1）——叠代、相互作用与逻辑结构

## 对分析的概括

在此之前，我对制度性事实作了初步的说明，我更多地使用了货币的例子，着重说明语言在制度性实在中的独特作用。现在我要用已经置备的工具提供一种说明，不仅描述货币的结构，而且描述例如婚姻、财产、雇佣、辞职、战争、革命、鸡尾酒会、政府、会议、联盟、议会、社团、法律、餐馆、休假、律师、教授、医生、中世纪骑士和赋税等的结构。我不知道如何像讲述货币那样简明地讲述这些例子。要把这种说明概括起来，我们需要对前面几章的材料至少增加两种基本的见识。

**第一，“X 在 C 中算作 Y”的结构可以被叠代。**

我们可以对已经具有被赋予的地位—功能的存在物再赋予地位—功能。在这种情况下，在更高层次上的 X 项可以是早先层次上的 Y 项。例如，只有一个美国公民（X）才能成为总统（Y），但是

成为一个美国公民在早先层次上具有Y地位—功能。我们能够赋予这样一些地位—功能，在这些地位—功能中，C项决定了一种需要先前已被赋予地位—功能的情境。在这种情况下，在更高层次上的C项可以是更早层次上的Y项。例如，一种婚礼仪式需要有主持人在场作为情境C，但是作为一个主持人就是具有先前已获得的Y地位—功能。而且，我们还可以对那些先前已被赋予表达性地位—功能的存在物赋予地位—功能，也就是我们可以对语言行为赋予地位—功能。例如，作为X的某种许诺可以算作一种约定Y，但是作为一种许诺已经是在较低层次上具有Y地位—功能。可以毫不夸张地说，这些叠代层次提供了复杂社会的逻辑结构。

**第二，这种叠代结构的连锁系统能够长时间起作用。**

这种叠代的地位—功能结构不会转瞬即逝，它们所实现的这些功能要求它们在持续的一段时间内不断地相互作用。例如，我不仅拥有**货币**，而且我把**钱**存在我的**银行账户**上，我可以通过**写支票**来支付作**为一名美国公民**并作为**加利福尼亚州**的一个长住**居民**和**雇员**应缴纳**州**和**联邦政府**的**赋税**。在前面这个句子中，着重强调的部分表达了制度性概念，表明构成性规则系统的所有假设一直在起作用。

为了进一步展开分析，让我们就像讲述有关货币发展的过程那样来讲一讲婚姻和财产。这两种制度分别产生于涉及同居和物质占有的纯粹的物理的和意向的事实。财产起始于“这是我得到的”“这是我的”这样的观念。婚姻起源于人们彼此直接共同生活，以及在一夫一妻制的婚姻情况下彼此间性的单独占有。为什么我们并不满足于这些安排呢？为什么我在身体上支配了这个东西这个意义上来表明“我拥有”还是不够的呢？为什么仅仅是在一起生活还是不够的呢？可能对于某些人和某些简单的社会来说，它是足够的，但我们许多人认为，如果有一种集体承认的权利、责任、任务、义务和权力的系统能够加在——并且最终能够代替——无情性物质占有和同居，那么情况就好多了。第一，如果我们加上这种道义的设置，我们就能够有关于各种预期的更加稳定的系统；第二，我们就不需要依靠无情性物理力量来维持这种安排；第三，我们甚至在没有原来的物理性配置的情况下也能够维持这种安排。例如，人们即使几年彼此不在一起生活而仍然保持着婚姻关系，即使财产离他们十分遥远，也仍然拥有这份财产。

不论是有利还是不利，逻辑上更加原始的安排演化成为具有集体承认的地位—功能的制度性结构。正如货币的情况那样，我们也通过集体的意向性对没有集体的赋予便不可能实现那些功能的事物赋予新的地位—功能。然而，这些实例中的一个主要特征就是这种功能往往是通过实行明确的语言行为来赋予的。在这种情况下，这种语言行为本身就是对一种地位—功能赋予地位—功能的一个实例，这种语言行为是用来创造新的地位—功能或者是用来改变旧的地位—功能的。因此，比如说一种婚姻仪式就是由一系列的语言行为所构成的，但是，在这种情况下，这种仪式创造了一种新的制度性存在，即婚姻。这种婚姻的存在赋予主要当事人以“夫”“妻”这种名称表示的地位—功能。为了能够赋予这种功能，这种语言行为必须具有超出所表达这些语词字面意义的地位—功能，这种语言行为已经是一种地位—功能了。

让我们通过婚姻的实例更详细地阐明这一点。下一步即从更原始的生物现象中逐步创造制度性事实，不仅涉及对那些在物理上与实现这种功能无关的东西赋予地位—功能，而且对已经具有被赋予功能的东西赋予地位—功能，特别是语言行为。这些语言行为用来对那些不是语言行为的存在物（例如对人）赋予新的地位—功能。因此，在这些实例中，“X 在 C 中算作 Y”的公式里的 X 要素可能已经是现成的语言行为。例如，人们在婚姻仪式上实行的那种语言行为。在婚礼主持人面前（C项）实行如此这般的语言行为（X项）算作完婚（Y项）。如果在不同的情境下，比如在做爱时，说同样的那些语词，那就不会构成结婚。现在Y项赋予这些语言行为以新的地位。在婚礼仪式上所作的许诺创造了新的制度性事实，即婚姻。因为，在那种情况下作出那些许诺就算作完婚。而且，“主持人”的整个概念规定了一种情境C，这种情境是先前赋予的功能的结果。主持人的整个概念就是按照X在C中算作Y的结构赋予某个人的一种制度性地位这样一个概念。在这种情况下，这个主持人的在场就是结婚仪式的C项，但是他或她是婚礼主持人则是作为先前所赋予的地位—功能中的Y项的结果。

我们认为婚姻制度是许多制度的典型，如果这样想是正确的，那么这种说明就会导致创造大量制度性事实的等级结构。因此，贯穿整个婚姻的例子的这种等级结构就是：首先，发出某种声音就算说出一句英语句子，在某种情况下说出某种英语句子算作出许诺，作出某种许诺在某些环境下就算缔结协约，缔结某种协约就算结婚。这种婚礼仪式通过对一套语言行为赋予一种特殊功能从而创造了一种新的制度性事实，即婚姻。但是婚姻的形成又对所涉及的个人赋予一种新的地位从而赋予一种新的功能，这些个人现在就成了“丈夫”和“妻子”。他们是夫妻这个事实，如同婚姻本身一样，是一种制度性事实。

我希望从这些例子中清楚地呈现出一种模式来。要提出的关键问题是，“到底给什么赋予地位—功能，到底什么是被赋予的地位—功能？”对于语言和货币来说，答案要相对简单一些。对语言来说，将这种地位赋予不同类型的声音和记号，尽管语言的功能是多种多样的，但首要的功能就是以各种样式的语言行为模式来表现世界[1]；对于货币来说，通常将这种地位赋予金属片或纸张，而它的功能则是用作交换手段、价值储存手段等。就婚姻的例子来说，情况就稍微复杂一点。起初是将这种地位赋予一套语言行为，即构成婚礼仪式的语言行为，但这些语言行为发挥了创造婚姻这个新的制度性事实的功能。而婚姻本身又给所涉及的当事人赋予新的地位—功能，即成为具有特定的权利和义务的夫妻的地位—功能。如今这种模式——通常是通过实行语言行为来创造新的制度性事实，在这些事实中，语言行为本身对人、建筑物、汽车等赋予一种功能——以大量社会性制度为其特点。财产、公民、持照驾驶者、大教堂、宣布的战争、各届国会等都体现了这种模式。一言以蔽之，这种模式就是：我们通过使用一种已有现存地位—功能的对象（或多种对象）例如句子，来创造一种新的制度性事实，例如婚姻，这种对象的存在本身就是一种制度性事实，我们用它来实行某种类型的语言行为，而实行这种语言行为这个事实又是另一个制度性事实。

让我们把这些经验运用到财产的例子上。通常我们都需要把制度和这种制度的特殊的表征性事例或符号加以区别，把“X 在 C 中算作 Y”的一般结构同这种结构的特殊实例加以区别。我在前面说过，财产开始于纯粹的物质性占有。在许多法律体系中，特别是英国的习惯法和受英国习惯法影响的法律体系中，都有不动产和个人财产之间的严格区别。在许多国家，只有国王才能拥有土地。在不动产和个人财产的几种严格区别中，有一种区别对我们的研究是特别重要的，那就是与个人财产相比，占有在不动产方面通常表现得相当不同。我可以穿上我的衬衫，开我的车子，甚至带上我的电脑，

[1]　进一步展开的讨论参见 J.R.Searle，*Speech Acts*：*An Essay in the Philosophy of Language*（Cambridge：Cambridge University Press，1969）；and J.R.Searle，*Expression and Meaning*：*Studies in the Theory of Speech Acts*（Cambridge：Cambridge University press，1979）。

但是如果谈到我的房子和土地，要保持我的所有权则需要有身份标志。法文对“可动的”(meuble) 和“不动的”(immeuble) 之间的区分恰好显示了这种区别。可动的财产常常也具有身份标志，例如，汽车登记证和牲畜身上的印记。在这些实例中，这种地位指示物由于偶然的原因竟使这种财产成为很有价值的东西，例如珠宝和油画；或者这种财产不易辨认或者可能走失，例如牲畜；或者它带有对可能的伤害应负的责任，例如枪支；或者是这些理由的结合，例如汽车。总之很难看到存在一种没有凭证的复杂的不动产所有权的系统。

除了包括土地在内的物质对象无情性物质占有，我们还建造了一种关于财产的买卖、遗赠、部分转让、抵押的结构。所用的特有手段就是各种语言行为——契约、销售发票、登记证、遗嘱等等，这些东西通常都被称为法定的“文件”，这并非偶然。所有这些都是赋予语言行为以地位—功能的例子。当然原有的语言行为就已经是被赋予地位—功能的实例。因此，比如说一张销售发票只是记录了我把我的汽车卖给了你这个事实。这是一种断定式语言行为，但在这里它可以**算作**你有要给汽车发放新的登记证的权利。

一个社会一旦有了财产制度，新的财产权就通常是通过语言行为创造的，例如当我把某件东西给某个人；或者是通过伴有其他行为的语言行为创造的，例如当我要用财产交换货币时。假如我把手表给我的儿子，我可以在给他时说：“这表就是你的了”，“它可以归你所有了”。或者稍微郑重其事地用这样一个述行语：“我特将此手表赠予你。”这样，我就对这些语言行为赋予新的地位—功能，即转让所有权的功能。而这些语言行为又给这只手表赋以新的地位—功能，即属于我的儿子，成为他的财产。

我在前面说过，制度性结构就财产来说使无情性物质占有或就婚姻来说使无情性物理上的亲密关系能够被一套得到承认的关系所代替。由于这种关系，即使没有生活在一起，人们也可以结婚；即使财产与他们相距遥远，人们也可以拥有财产。要得到这样显著的智力成就，就必须具有我所说的**地位指示物**。正如一纸证券，当它们可以兑换成黄金时，这张证券就是价值的地位指示物，因而我们就有了法律上认可的公认的婚姻和财产权的系统。我们有了诸如以结婚证书、订婚戒指、地契之类的形式存在的地位指示物。即使我与我的房子或我的妻子相距遥远，但这种制度性结构使我能够仍然是房子的所有者或者仍然是丈夫，而且如有必要，也使我能够通过使用地位指示物向其他人证明这种地位。在这些情况下，制度性事实就代替了纯粹自然的物质占有亲密关系，而且这些地位指示物使制度性事实变得显而易见。

在比货币、婚姻、财产更为复杂的层次上，政府起源于一系列原始的生物现象，例如大多数灵长类动物的社群形成地位等级的倾向，某些动物接受别的动物领导的倾向，以及在某些情况下，某些动物可以对别的动物施加纯粹自然的无情性物质力量的倾向。我在这里并不意指上面列出的生物现象就构成了作为政府基础的整个过程，但在我看来，这些灵长类动物的生物学要素像人们传统上讨论的许多特征如社会契约一样，是理解政治哲学时所不可缺少的。

随后建立起更加周密的结构——公民权、权利和责任、权力和职务、选举的弹劾以及其他选择及淘汰官员的方法等的结构——通过在比较原始的关系之上集体地赋予各种地位—功能的方法演化为制度性结构。

在选出作为地位—功能的各种项目中，存在一个从自由到必然、从任意到合理的阶段。在自由和任意一端的就是货币。各种实物都可以作为货币，这些对象只要满足某些最起码的经久性、灵便性、可运送、不可仿冒、容易识别等条件（也许还有其他一些条件），就能发挥货币的功能。在必然性和合理性一端的就是像法国政府保留在塞夫勒布列塔尼展览馆的标准米尺那样的东西。按照其性质，可以被赋予这种地位—功能的事物是受到严格限制的。不仅是任何旧的对象，甚至连任何旧的一米长的对象都不能用于执行这种功能。在中间过渡性区域的是一些 X 条件，如婚礼仪式上作的许诺，或者像中世纪一个男人只有通过测验才能成为一名骑士。这些条件与新的功能即婚姻和骑士的功能不是任意相联系的，并不像纸张与货币功能那样任意地相联系，但同时它们又不是必然的东西。人们可以想象甚至可以构造各种完全可以接受的结婚方式或成为骑士的方式。由于 X 项所规定的条件和 Y 项所规定的功能之间的这种差距，不同的文化对它们实行相同或类似功能所要求的限定条件是不同的。例如，在美国的大多数州，取得“律师”的身份需要有法律研究生学位，通过州的律师资格考试，而且要宣誓就职；而在英国，则不需要法律研究生学位，但规定在一定时期内作为初级律师或者定期出席法律协会的餐会这类事情才算有望取得律师资格。令人完全弄不清楚的是，这两套不同的条件怎么会使具有这些条件的人实行相同的功能。然而，各自的任命律师资格的机构显然认为他们是够格的。

对 X 和 Y 成分赋予地位—功能所存在的分歧，对于我们的研究有某种重要的意义。首先，地位的表达可以有两种定义：一种通过构成因素（X 项）来定义，另一种则通过所赋予的行为者功能（Y 项）来定义。因此，纸币可以用它的来源和结构来定义：由制币局发行的某种纸券就是美国货币。但是纸币也可以部分地被定义为，而且事实上在美国纸币的票面上就描述为，“支付一切公私债务的法定货币”（Y 项）。当你在橄榄球比赛进行过程中带球冲过得分线（X 项）就是达阵，一次达阵就算得六分（Y 项）。

## 编入法典

一种检验真正的制度性事实存在的方法就是我们是否能够明确地把这些规则编入法典。对于许多制度性事实例如财产、婚姻和货币来说，这些规则的确是明确地被编成了法律。其他制度性事实，如友谊、约会、鸡尾酒会则不能这样被编入法典，但是它们也可能被编入法典。如果人们相信他们涉身其中的某种关系是友谊、约会或鸡尾酒会，那么相信这种关系事实上的确具有这种地位并且具有这种地位就会带来与之相应的功能，这种信念就构成了各自具有这种地位。这表现为这样一种事实，那就是所涉及的人具有对友谊、约会或鸡尾酒会的某种合理期待，而对同样的这种安排如果他们不相信它是友谊、约会或鸡尾酒会，则没有这种期待。如果某个事实真的是鸡尾酒会还是仅仅是茶会，关系非常重大，那么这样一些制度性模式也可能被编入法典。如果友谊的权利和责任突然变成某种严重的法律或道德问题，那么我们就可以想象这些非正式的制度会变成明确被编入法典的制度，当然明确被编入法典也是要付出代价的。它使我们失去了未被编入法典时所具有的灵活性、自发性和非正式性。

从这些例子可以清楚地看出，在一般的社会性事实与制度性事实的特殊子类之间是逐渐过渡的，并没有一条截然分开的界线。在我的社会交往中，“要与某个人一起散步”被称为社会性事实但不是一个制度性事实，因为社会性事实这个称呼并没有被赋予新的地位—功能，它只是标明了意向性以及它的显现。然而，典型的制度性行为就是集体意向性的形成，集体意向性就是通过对一种现象赋予一种集体的地位和相应的功能而构成接受、承认这种现象为更高层次的一种现象。这种功能总是内在地与这种地位相联系，就是说如果它没有这种功能，也就不可能是那种地位。这个标准总是这样的：归于这种标签的是不是连带地归于某种新的功能，例如，在权利和责任形式中，是不是只有存在着对这种功能的集体接受才能够实行呢？按照这个标准，“丈夫”“领袖”“教师”都是表示地位—功能的名称，但是“醉汉”“神经质”“知识分子”“名人”则不是。再说一遍，很显然，这里没有截然分开的分界线。

战争为这种叙述提供了有趣的检验。战争总是一种集体意向性形式，仅当人们认为它是战争时它才成为战争。但是，在典型的战争中，纯粹的事件都算作具有某种法律的或准法律的地位，对参加者应当赋予某种责任和权利。在这种情况下，战争不只是一种社会性事实，它是一种制度性事实。而且，如同婚姻那样，有多种赋予战争以制度性地位的方式。就朝鲜战争来说，当时美国官方非常不希望把它叫作“朝鲜战争”(它曾被称为“朝鲜冲突”)，因为它并不符合战争的法律定义，它并没有按照宣布战争的宪法条款来合法地宣战。他们面临着一种选择：如果它是“战争”，它就是违反宪法的；它不是“战争”，它是“联合国警务行动”，这是与战争不同的另一种地位—功能。由于这种现象并不满足赋予这种地位—功能的 X 项，所以“战争”这个 Y 项是不适用的。到了越南战争时，类似的各种借口已经被抛弃了，单纯的物理的和意向性的事实就保证了“战争”这个词的使用，尽管法律状况仍然与朝鲜战争的情况一样，这并不是一场宣布了的战争。

因此，“战争”就是界于表示一种类型的大规模的社会性事实和表示一种类型的制度性事实之间的名称。检验这种区别的标准就是，“战争”这个词是不是用来表示一套现存的关系，或者是否这个词意味着从已被承认作为战争的地位中包含着进一步的结果。这就关系到战争是怎样得以存在的。战争作为社会性事实不管它如何发生都可以存在，但是按照美国的宪法，战争作为一种制度性事实只有在它通过国会的行为被创造出来时才会存在，这种行为就是我所称的“宣告”这种类型的语言行为。也许在越南战争和海湾战争以后，如同按照习惯法的婚姻制度那样，我们逐渐形成了一种依据习惯法的战争制度。

## 分析中的某些重要问题

在这一章中我们提出了一个最困难的问题。形成制度性事实的逻辑基础是什么？与这个问题相关的一个问题是，仅仅通过集体地同意将 X 算作具有地位 Y 我们能够创造何种事实呢？制度性事实的可能性和局限是什么？由于整个系统只有通过集体的接受才能运转，因而看来必然结果就是，我们不可能用它做多少事情，它看起来总是非常脆弱，好像整个系统随时都可能垮台似的。然而社会的制度性结构恰恰就是具有这样的形式，所以我们必须找出它的可能性和局限。

由于我正在力图描述有组织的社会的逻辑结构，因此最好在这里解释一下所涉及的问题，并至少弄清楚一部分相关的问题。“有组织的社会”怎么可能有“**逻辑**结构”呢？归根到底，社会并不是一套命题或者一种理论，这里说的逻辑结构是什么呢？根据我的解释，社会实在和制度性实在都包含着表征——不仅包含心理的表征，而且甚至还包含着语言的表征——作为其构成要素。这些表征的确具有逻辑结构。我试图揭示出那些逻辑结构的最根本的东西。

什么是至关重要的东西呢？人们总是倾向于认为像财产和国家

本身这样的制度性结构是靠武装警察和国家的军事力量来维持的，在必要时是被迫接受的。但在美国以及其他几个民主社会里情况却相反。国家的武装力量依赖于对构成性规则系统的接受，而不是相反。这清楚地表现在电视现场转播的1992年发生在洛杉矶街头骚乱的情况。抢劫者拿着值钱的财物从商店走出来，当时警察用枪对着他们并且命令他们停止抢劫。抢劫者完全无视警察，但未造成进一步后果。有一个记者问道："你们为什么这样做?""这是免费的。"抢劫犯回答说。所有这些情况被几百万人在电视上看到。政府的警力只能用来对付极少数人，即使这样也假定其他所有的人几乎都接受这种地位—功能系统。一旦违法者的数量不是极少数时，警察便通常会撤到警署，或者做出一种仪式性的动作好像他们在执行法律，就像在洛杉矶时那样，或者常常会拘押某些守法的公民。同一时期发生在伯克利的骚乱和抢劫中，有一个商店老板为了保护他的商店而把自己全副武装起来，他被拘押时抢劫者正在附近商店进行抢劫却没有受到警察的阻止。在许多民主社会，一旦违法的人数达到临界数量，警力大多只是在作秀。[1]

我们现在讨论的要点就是，我们不能认为接受系统是靠可信赖的武力系统来支持的。因为一方面，武力系统本身也是一种接受系统，例如警力和军队都是地位—功能的系统。但是对我们现在的目的更重要的是，武力系统是以其他地位—功能系统为必要前提的。我们不能设想，会有什么巨大威力来帮助我们解决真正的危机，相反，我们总是处在一种自然状态，但事实上人们差不多一向就是在这种自然状态下接受各种构成性规则系统的。

---

[1] 我最初了解这一点是我在英国牛津大学当学生的第一个学期，当时我参加了那个时期一年一度的焚烧盖伊·福克斯模拟像的活动。学校的学监及其随从拘押了我这个消极的旁观者，而不是去面对那些危险得多的实际参加者。

我并不相信存在任何单独的动因来维持对制度性事实的承认。有些人总是以为必定存在对这种承认的合理根据，认为参与者们会获得某种博弈理论的利益，或者达到更高的无差异曲线，或者诸如此类的东西，但是制度性结构的显著特征就是人们继续承认这种制度性结构并且与他们中的多数人合作，即使这样做并没有明显地给他们带来好处。如果制度很大程度上是靠习惯来维持的，那么这种制度就有可能突然垮台，就像人们对他们的货币失去信心，或者不再承认他们的政府之为政府时那样。

马克思相信最根本的利益是阶级利益。他说，全部历史都是阶级斗争的历史。但是令人感到惊讶的是，关于阶级斗争的历史是多么的稀少。例如在 20 世纪发生的重大变革中，对民族的忠诚远比阶级的团结更强有力，所有阶级中本国同胞以激情和热情屠杀了所有阶级中敌国的公民。国际性的阶级团结几乎不可能。在大多数这些重大变革中，维持这种阶级区分的构成性规则系统都被保留下来了，尽管发生了其他各种制度性变化。在维持阶级结构的制度性结构被摧毁的地方，例如第一次世界大战以后的俄国，第二次世界大战以后的中国，这些制度性结构被摧毁并不是他们的敌人发动战争的目的之一。德意志帝国并不是想要在俄国建立一个布尔什维克国家，毛泽东思想也并不是"大东亚共荣圈"想要实现的一个目标。我在这里要说明的观点就是，在动机、自身利益、制度性结构和制度性变化之间并不存在一套简单的关系。

也许最令人惊讶的地位—功能就在于**人权**的形成。在欧洲启蒙运动之前，权利概念的运用只限于某些制度性结构——财产权利、婚姻权利、庄园主的权利等等。仅凭借他是一个人，他就能够有一种地位—功能，即 X 项是"人"，Y 项是"不可剥夺的权利的拥有者"的观念变成了被集体接受的观念。并非偶然的是，集体地接受这一行动是借助于神的权威的观念："他们的造物主赋予他们某种不可剥夺的权利，在这些权利中包括生存权、自由权和追求幸福的权利。"人权的观念使衰败的宗教信仰复活，甚至有国际化的倾向。人们常常求助于《赫尔辛基人权宣言》，来反对专制制度，起到了不同程度的效力。近来甚至有一种要求承认动物权利的运动，人的权利和动物权利二者都是通过集体的意向性赋予地位—功能的实例。

一般说来，地位—功能属于权力问题，我们将在这一章的其余部分论述这一点。制度性事实的结构就是一种权力关系的结构，包括否定性的和肯定性的权力、有条件的和无条件的权力、集体的和个人的权力。所有关于权力的观念使某种自由主义情感在我们的智力传统中自启蒙运动以来变得非常紧张。某些阶层的知识分子宁愿认为根本不存在权力（或者如果权力必须存在的话，他们则宁愿使他们所喜爱的受压制的少数得到更多的权力，而使其他人得到很少的权力）。我们至今从制度性事实的研究中得出的结论就是：我们所重视的文明中的一切事物都需要通过集体赋予的地位—功能来创造和维持制度性权力关系。这些权力关系需要经常监督和调控以创造和维持公平、效率、灵活性和创造性，更不用说像正义、自由和尊严这样一些传统的价值了。但是制度性权力关系是普遍存在的根本关系。制度性权力——大量的、普遍的、通常是无形的——渗透到社会生活的各个角落和缝隙中，而它本身并不对自由主义价值构成威胁，而是它们存在的先决条件。

## 地位—功能赋予的某些类型

为了研究制度性实在的逻辑结构，首先我要问：如果地位—功能只是由于被人们相信其存在才存在，那么人们通过创造地位—功能能够创造出何种新的事实、新的权力、新的因果结构呢?

在涉及物理性功能的地方，纯粹的物理可能性提供了仅有的限制。技术发展的历史就是如何使积累起来的知识和有组织的需求利用技术可能性的历史。但如果是制度性事实，那么技术上的改进并不会改变这种可能性。我们不可能只是靠决定把某种东西算作电荷就赋予了它电荷，但是我们可以只是通过确定什么条件算作当总统的条件，然后使符合我们所确定条件的人当选总统从而赋予总统的职位。带有“s”内涵的句子形式“X 在 C 中算作 Y”这种例子是了解带有“t”的意向性现象的线索。因为无论是 X 项还是 Y 项都不可能代入同指称的表达式而不失去或改变整个陈述的真值，我们有充分的理由假定“算作”这种用语规定了一种意向性形式。仅仅通过集体地同意某些存在物具有某种特征就可以赋予这些存在物新的特征，这种可能性就限定了使用这种公式创造制度性事实的可能性。因此，我们现在的问题就是，制度性的赋予功能的形式和限度是什么?

乍看起来，制度性事实的多样性似乎完全使人感到迷惑。我们可以作出许诺、达阵得分、取得不动产所有权、成为总统、宣布休会、支付账单、辞退雇员，所有这些都是制度性事实。但是在这些大量的多样性制度性事实的情况中，实际上只有很少一些一般的制度性事实的形式属性。

由于创造制度性事实就是把一种地位以及与之相联系的功能赋予某个并未具有这种地位—功能的存在物，所以一般说来，创造一种地位—功能就是一个授予某种新的**权力**的问题。如果没有使 X 项具有某种新的**权力**，那么赋予 Y 项所表示的地位—功能就没有多大意义，创造制度性事实的大多数（不是全部）情况恰恰就是对 X 项授予权力，或者对创造这种权力进行某种真值函数运算如否定和条件约束。在最简单的实例中，Y 项表示一种仅仅由于 X 项的结构而不可能具有的权力。在 X 项是一个人的实例中，这个人就获得了他（或她）本来并未具有的权力。在 X 项是一个对象的实例中，使用这个对象的人可以用它来做他（或她）仅仅靠该对象的 X 结构不可能做的事情。因此，货币、护照、驾驶执照和语句都使拥有者或使用者能够做他（或她）本不可能做的事情，例如购物、在各国旅游、合法地驾驶汽车以及通过读出这个语句来执行语言行为。在这些事例中，对 Y 地位的接受就包含了创造权力的某种形式，例如委托、许诺、授权。我们将会看到，其他实例涉及运用于这些权力形式的布尔函数，例如否定或条件约束。

因此，关于能够有多少种不同类型的制度性事实的问题大部分可以归结为，仅通过集体的一致同意能够制造哪几种权力的问题。单纯的物理性力量不可能受到集体同意的影响。我们不可能通过集体同意增加体重或提升摔跤的水平，但是我们能够通过集体的同意增加（而且的确增加）人们的财富，甚至能够给予他们决定我们生死的权力。因此，这个答案的一般形式必须是：我们能够以这种机制创造所有那样一些（而且也仅仅是那样一些）权力形式，即集体地承认或接受这种权力也就**构成了**拥有这种权力。如果这就是这种机制的正式结构，那么下面这两个令人困惑的特征就自动得到了说明。第一，这种机制对论题未加限制，所以制度性实在的巨大多样性——从夫妻到战争、从鸡尾酒会到国会——似乎应当没有什么疑问；第二，被如此描述的机制并不要求参与者了解实际发生的事情是什么。他们可能认为，这个人当国王只是由于天意使然，但是只要他们继续承认他的权威，他就有国王的地位—功能，不管他们可能持有什么样的错误信念。

对于一切制度性事实都包含权力这个论断，存在一个有意思的特例，即某些制度性事实只包含单纯的地位而不带有任何进一步的功能。当地位纯粹是荣誉性地位时，就是这种情况。如果你获得一枚奖章，被授予一种荣誉，被选为你那个层次中最受欢迎的人，或者成为阿拉迈特郡小姐，一般说来并没有什么与这种地位相联系的权利或权力。这些地位纯粹是荣誉性的。与此相反的是负面声誉的情况。如果你由于不良的行为而受到责难，受到上司的惩戒，或者被选为你那个层次中最不受欢迎的人，所有这些都是负面声誉。无论是正面的还是负面的声誉，都不需要使用进一步的权力。

我们的问题就是，在“X 在 C 中算作 Y”的公式中，有多少不同类型的“Y”？由于制度性事实是由集体意向性为结构的，而且对创造制度性事实的可能性有严格的限制，所以我们应该能够回答这个问题。那么，让我们自然地从列出制度性实在的某些形式特征入手。

Y 地位可以被赋予几个不同类型的本体论现象：人（例如主席、妻子、牧师、教授）；对象（例如语句、5 美元钞票、出生证、驾驶执照）；事件（例如选举、婚礼、鸡尾酒宴、战争、达阵）。在系统性关系（例如政府、婚姻、公司、大学、军队、教堂）中，人、对象和事件是相互作用的。Y 地位依据一套在他们之间先已存在的前制度性关系而被通常赋予人和人群。因此，许多人的集合可能构成一个城邦，一个男人和一个女人可能构成一对夫妻，但是这样的构成并不只是由于适当规模的人的集合，而是还由于在这个集合中成员之间的关系。

那么被赋予新的地位—功能的对象、事件和人的特征是什么呢？我提出的第一个想法就是因为给对象和事件赋予地位—功能只有与人相关才是有效的，所以在这个意义上说，人（包括人群）是根本的。这并没有什么值得惊讶的，因为这是行为者功能的一般特征。对5美元钞票有重大关系的并不是它作为**对象**，而是这5美元钞票的**拥有者**有了他（或她）本没有的某种权力。同样，对一把起子来说有重大关系的并不是这把起子作为一个对象，而是这把起子的拥有者现在具有他（或她）本没有的权力。这就表明了我的看法是符合事实的，即集体意向性在赋予地位—功能时其内容通常就是单个的或群体的某种人的主体具有某种权力（正面的或负面的权力，有条件的或无条件的权力）。约翰是总统就直接地是将地位赋予一个行为者这种情况；这是5美元钞票，就间接地是将地位赋予一个对象这种情况。

另一种需要指出的形式特征就是内在观点和外在观点之间的惯常区分也适用于制度性事实。我们在本书中关注的主要是内在观点，因为只有从参与者的内在观点出发，才能有制度的存在。例如，人类学家从制度外可能看到夸丘特尔人的冬季赠礼节*在执行一种功能，对于参加这个节日活动的夸丘特尔人来说可能完全不了解这种功能，但是整个节日之所以是冬季赠礼节，首先只是由于这些参加者的集体意向性和他们所赋予的这种地位—功能，而这种地位—功能不论是否被意识到，只有从参加者的第一人称内在观点出发才能存在。

甚至在内在观点中也要作某种形式区分。在微观层次上，个人把货币看作交换手段、价值储存手段；把婚姻看作男女当事人之间集体的终身许诺。但在宏观层次上，筹划者和组织者甚至从内在观点出发把这种制度看作具有不同的功能，虽然就个人来说所赋予的地位是相同的。主教把婚姻的功能看作赞美上帝并带来社会的安定；

* 冬季赠礼节是美洲印第安人冬季的一个节日，印第安人在该节日分配或交换礼物。夸丘特尔人是加拿大不列颠哥伦比亚省一个印第安人部落的居民。——译者注

中央银行把货币的供应看作调控经济的一种方法。重要的一点是，内在的微观层次在本体论上是首要的。如果完全离开了在货币和婚姻的特定领域中的最低层次参与者——这些参与者具有构成制度性事实的结构的意向性的基本形式——主教、联邦储备局和社会学家便无法形成他们的观点。而且，这些微观层次的参加者可能还有其他一些功能，他们希望制度性实体为他们执行这些与基本本体论无关的功能。因此，许多人为了权力和声望而希望拥有货币，对他们来说，那就是货币的基本功能。在欧洲的统治王朝中，婚姻是王朝权力的工具。幸福的奥地利人，别的国家在发动战争，而你却结成美满的婚姻（*Alii bella gerunt*，*tu felix Austria nube*）。甚至在普通人中，婚姻也在执行这种隐蔽的功能。重要的一点就在于，只有考虑到普通人的集体意向性的基本的本体论是给定的，就是说，按照公式赋予地位功能，所有这些才有效。

如果我们要用这些观点来观察制度性事实，那么，在我看来，各种地位—功能可以归入某一类型。作为对这些地位—功能进行分类的最初尝试——我们在后面还要进行一些改进——我且把它们分成四大类型，我分别称之为符号性的、道义性的、荣誉性的和程序性的。

## 1. 符号性权力：意义的创造

具有符号性权力的要旨是使我们能够以一种或多种可能的语言行为的方式来表示实在。在这种情况下，我们对本来不是意向性的东西赋予意向性。要做到这些，就要创造语言的各种形式和意义。对某些类型的物理结构赋予意向性便决定了形式结构（**语形**）和意义的内容（**语义学**）这两者。例如，语音学的或字形学的类型“*Il pleut*”算作一个法语句子，“*Es regnet*”算作一个德语句子。我们对物理的声音和标记一般地赋予词、句子和语形这些地位。在两个实例中，我们对不同语形对象赋予相同的语义内容。这两个句子的意思都是“天在下雨”。符号化对于许多其他形式的制度性功能的赋予是不可缺少的。按照我在第三章中试图加以说明的，没有语词和符号我们便不可能赋予权利、义务等等。

## 2. 道义性权力：权利和义务的创造

具有道义性权力的要旨就是调控人们之间的关系。在这个范畴中，我们赋予权利、责任、义务、使命、特权、称号、惩罚、委任、许诺以及其他诸如此类的道义现象。按照我们在前面提出的看法，一般说来，地位 Y 赋予（或否定）权力，这个明显的假设就是认为这样的地位—功能有两大类型。第一种类型是，行为者被赋予一种新的权力、凭证、委任、称号、权利、许诺或者承认他（或她）能够做某件本不可能做的事情；第二种类型是行为主体被要求、被约束、负有责任、被处罚、被命令，或者在其他情况下被迫使去做他（或她）本不必做的事情——或者同样地，被阻止去做某件本来能够去做的事情。大体上说，这两种主要类型就是正面的和负面的两种权力。如果加上一个名称，那么我们就说，所有道义性的地位—功能都是**约定性**权力。这个术语使我们能够把**约定性**权力同纯粹物理性的力量区分开来，尽管这两种情况常常联系在一起；由于赋予约定性权力就是授权使用无情性物理力量。警察权力就是一个明显的例子。

如果我们用不是诸如货币、政府、大学等社会对象作分析的主要目标，而是操作这些社会对象或在这些对象中进行活动的行为者，那么对制度性实在的类型的重大划分就是行为者能够做的和行为者必须（或不必）做的二者之间的区分，也就是作为 Y 项中规定的地位赋予的结果是行为者**能够**做的和他（或她）**必须**做的之间的区别。例如：

约翰在银行里有 1000 美元。

汤姆是美国公民。

克林顿是总统。

萨莉是一名律师。

萨姆拥有一家餐馆。

这些例子中的每一个都规定了权利和责任。第一个例子给约翰规定了用他的钱买东西或雇人的权利，也规定了他为他赚的钱付利息税的责任；第二个例子给汤姆规定了诸多权利，包括在选举中投票的权利，同时规定了诸多义务，包括取得社会保障号的义务；第三个例子规定了克林顿有否决法案的权利和在国会发表国情咨文的责任，等等。还要注意规定权利和责任的制度性事实也可能以各种方式被取消或消除。例如：

安失去了她的全部钱财。

伊万的卢布由于通货膨胀而变得毫无价值。

尼克松从他的总统职位上退下来。

库利奇任期结束。

萨姆离了婚。

莎莉的丈夫死了。

## 3. 荣誉：为了自己的地位

荣誉（和耻辱）的主旨就是为了自己而不是为其进一步结果而使地位受到褒奖（或贬斥）。如游戏中的胜负以及在制度上得到认可的各种形式的公共荣誉和耻辱。例如：

马克赢得西部地区滑雪冠军。

麦卡锡受到美国参议院指责。

比尔被授予法兰西学院的奖章。

除了上述三种类型的地位—功能以外，我们还需要识别道义性权力和荣誉的条件性或程序性特征。

## 4. 通向权力和荣誉之路的程序性步骤

在制度内，我们可以分配程序上的各个阶段，以通达权利和责任，或荣誉和羞耻。例如：

比尔投了里根的票。

克林顿被提名为民主党总统候选人。

反对理由得到法庭的认可。

就投票来说，一个人有投票的权利，但实际的投票本身并不会创造任何新的权利和责任。只有集中起来的投票的集合才能确立得多数票的获胜者具有新的权利和责任。获得六票就像在橄榄球赛中得六分一样，但与得到六美元不一样。获得六票或得六分是在争取获胜道路上的程序性步骤，但你不可能用它们来做任何别的事情，而用六美元你可以实际地买东西。还有，当一个候选人被提名为总统时，他（或她）的确获得了作为候选人的新的权利和责任，但是候选人的全部意义应当是，争取成为总统的道路上的一个阶段。

同一个制度性事实可以包含上述四个特征。因此，成为民主党的被提名人就给了这个人某种权利和责任，它是一种很大的荣誉，而且也是争取成为总统的道路上的一个程序性阶段，而全部事情如果没有语词或其他各种符号就不可能存在，就像我在第三章中所说明的那样。

我希望通过显示如何把这些观点运用于游戏来阐明这些观点。对于这种分析来说，游戏是特别有用的研究对象，因为它们提供了大量社会现象的一种缩影。大家知道，维特根斯坦（Wittgenstein）论证了“游戏”这个词没有所表示的本质。但是，许多典型的游戏，例如，竞技性运动中的那些游戏——棒球、足球、网球等——仍然具有某些共同的特征。每个游戏都是由一系列力图克服某种障碍的活动所组成，制造这些障碍的目的就是为了让人们去克服它们。在参与竞技性游戏中，每一方都力图克服这种障碍，但又阻止对方去克服这些障碍。[1] 游戏规则规定了这种障碍是什么，要克服这种障碍能够做什么，也规定了什么是必须做的，什么是一定不能做的。因此，在棒球中，规则允许击球手挥棒击球，但规则并不要求他挥棒。但是，当他在三击不中以后必须出局离开打击区，让另外一个球手击球。绝大多数游戏规则都必须涉及权利和义务（特征 2），但是总的目标就是获胜（特征 3），而许多中间的步骤都是程序性的（特征 4）。例如，有些权利和义务是条件性的。因此，如果击球手一次不中或者有三次坏球，至此还没有使他取得任何进一步的权利或义务，但是它确立了一种条件性权利和义务：再有两次不中，他便出局；再有一个坏球，他便会被送上第一垒。这些条件性权利和义务是制度性结构所特有的。例如，在美国大学服务多年以后，你就有条件被考虑获得终身教职。

## 约定性权力的逻辑结构

为了进一步研究我在前一节的初步分类中提出的问题，我现在

[1]　对维特根斯坦关于游戏论点的这种回答并不是我的发明。我不知道是谁第一个想到这个回答的，也不记得我在什么地方听到过这种回答，但是它已经成为这种口头流传的传统看法的组成部分。

要考察制度性事实的意向结构。我的目的是要陈述在“X 在 C 中算作 Y”的公式中从 X 进行到 Y 时，Y 地位—功能的内容的一般形式。由于 Y 内容是通过集体地承认来赋予 X 要素的，因而这里就必须有这些集体认可（承认、相信等）的内容。我要提出的是，对于一大批实例来说，这种内容包含某种约定性权力模式，在这种模式中，主体与某种类型活动或与活动过程相关。而且，由于对通过集体地承认能够创造何种权力有严格的限制，所以我们应当能够以很少数量的公式陈述 Y 项内容的一般形式。由于权力总是做某种事情的权力或制止另外某个人做某种事情的权力，所以权力地位—功能的命题内容差不多总是：

(S 做 A)

这里的“S”可以用一个指称单个人或人群的表达式来代替，“A”可以用行为、行动和活动的名称来代替，包括否定性的活动，如禁止或避免。

沿着这条思路，我们便看到，在“X 在 C 中算作 Y”的公式中，赋予 X 项的集体意向性的基本结构就是：

我们承认（S 有权力（S 做 A））。

就形式而言，我们可以对这个基本结构进行多种运用，这些运用体现了我所作出的几种区分。如前面提到的有正面的和负面的约定性权力之间的区分，**有权能够做**的和**要求做到**的之间的区分。还有**创造**约定性权力的与**摧毁**约定性权力的区分，如结婚和离婚的区分，任命某个人担任某种职务和撤销他或她的职务的区分。此外还有**程序性**的和**终结性**的约定性权力之间的区分，如获得一定数量的选票和赢得选举之间的区分。得到选票是在赢得选举道路上的程序性步骤，而赢得选举则是选举过程的终结。此外，还有制度性事实的初始性创造和后继性保持的区分，我将在下一章加以讨论。

现在让我们考察“能够做到”和“必须做到”这两个基本模式，开始研究这些形式的应用，这两个基本模式可以表示为：

我们承认“S 能够（S 做 A）”。

我们承认“S 必须（S 做 A）”。

在能够做到的实例中，我们集体地授予某个个人或人群以权力；在必须做到的实例中，我们集体地限制某个个人或人群的权力。

按照我正在讨论的这种假设，如果我们把所有这些要素结合在一起，那么贯穿其中的典型的能够做到的约定性权力，例如，“X（这张纸）算作 Y（5 美元钞票）”就部分地是：

我们承认“S，这个 X 的持有人能够（S 用 X 购买相当于 5 美元价值的东西）”[1]。

在负面的约定性权力即必须做到的实例中，例如，“X（这张纸）算作 Y（违反停车规则的罚款单）”，贯穿其中的集体意向性的基本形式部分地就是：

我们承认“收到罚单 X 的那个人 S 必须（S 在规定期限内付出罚金）”。至此，我们已经论述了进行中的制度性事实的形式。例如，我们已经有了 5 美元钞票或一张违反停车规则的罚单。但是这些约定性权力本身是被创造出来或被摧毁的权力。这些创造或摧毁的行为可以是行使约定性权力，例如结婚和离婚，或者也可能只是在形成中。例如，一个群体可能正在逐渐接受某个人作为它的领导人而无须进行正式的选举或任命。在一种行为是明确地创造或摧毁一种约定性权力的行为时，这种行为本身通常是在发挥另一种约定性权力，即进行这种创造或摧毁的权力。假定一个进行约定性权力创造

[1] 请记住，不用担心在说明意向性内容时使用像“购买”或“5 美元价值”这样一些制度性概念而出现的明显的循环，因为这些概念可以以我在第二章中力图说明的方式加以代替，即不是取消这种循环，而是把这个概念的范围加以扩大。

的机构如机动车辆管理部发给申请人 S 一张驾驶证。那么这里的集体意向性的形式是什么呢？我们必须把这个机构的意向性与首先使整个系统生效的周围社会的意向性加以区别。从周围社会的观点来看，创造制度性权力的形式就是：

我们承认“这个机构创造〔S 能够（S 驾驶一辆汽车）〕”。

如果一种约定性权力被摧毁，在我看来这种否定作用于集体的承认而不是作用于这种承认的内容。因此，如果 $S_1$ 和 $S_2$ 之间的婚姻关系被破坏，结果就是：

我们不再承认（$S_1$ 和 $S_2$ 之间彼此有婚姻关系）。

人们总是认为，通过一个基本命题加上否定就规定了一切约定性权力。我们在其他逻辑分支中取得的成功助长了这种想法。因此，在真势模态逻辑中：

$$\Box(p) \text{ iff } \sim\Diamond(\sim p)$$

（*p* 是必然的，当且仅当非 *p* 不是可能的）

而在量词逻辑中

$$\forall x\,(fx) \text{ iff } \sim\exists x\,(\sim fx)$$

（对所有的对象 *x*，*x* 具有特征 *f*，当且仅当没有一个对象 *x*，*x* 不具有特征 *f*）

甚至在道义逻辑某些系统中：

$$O(p) \text{ iff } \sim p\,(\sim p)$$

（*p* 是义务性必须的，当且仅当非 *p* 是不允许的）

因此，在“制度性”逻辑中为什么不可以有类似的结构呢？为什么不是：

S 能够（S 做 A），当且仅当～ S 必须（～ S 做 A）呢？

S 能够实行行为 A，当且仅当并非 S 必须（S 不实行行为 A）

乍看起来，这种对应似乎并不起作用，因为不做某事的需求的缺失，本身并不构成制度上可能做这种事情。在经典的道义逻辑中，没有义务不做某种事情等于允许做这种事情。但对于约定性权力来说并没有这样一种明显的对等关系，因为有许多事情我并非必须不做（也就是，这些事情不是被禁止的）。但是，我并没有在制度上得到授权去做这些事或者能够做这些事。例如，并不是制度性规定我能够起床、在房子周围散步、擤鼻涕或者搔头，即使并不是我必须不做这些事情。

然而，如果我们足够深入地思考这些问题，我们就能够看出，这种对应是完全成立的。问题在于范围。约定性权力只有在有某种行为或某种创造过程的情况下才存在，所以我们必须把制度性的能够做的和必须做的都看作是在集体创造权力的作用范围之内。理解上述两个条件子句的方法就是把每一个子句都理解为处于权力创造范围之内，从而也就理解了模态逻辑、道义逻辑和量词逻辑之间的互换法则的相似对于制度性逻辑是完全成立的。因此，

S 能够（S 做 A），当且仅当，～ S 必须（～ S 做 A）

实际上意指**当我们通过集体地承认认定“S 能够（S 做 A）”，当且仅当我们通过集体地承认认定“并非 S 必须（S 不做 A）”**。

许多例子可以说明这一论点。**当我们认定，在总统的权力范围中**，总统有权否决议会的法案，我们就认定，**在总统的权力范围内**，他不是必须不否决这种法案。同样，当发给我一张驾驶证，即得到驾驶的许可时，我便获得一种地位使我并非必须不驾驶。

在关于约定性权力的性质的这种论点中暗含着一个深刻的观点：这些权力只有在某种创造行为或创造过程中才存在。因此，仅仅没有否定表示的约定性权力，并不等于另外某种约定性权力的存在。但是，我们仍然能够通过一种权力加上否定来定义两种约定性权力的模式，只要这两种约定性权力的产生都被理解为是遵循公式的。

约定性权力的这两种模式就是我们对一个行为者给予授权的模式和对一个行为者规定必须做到的要求，这两种模式的约定性权力都可以通过其中之一加上否定来定义另一个。

此外，我们还可以通过取消先在的约定性权力来定义一种权力的销毁。例如，当一个雇员被辞退时，或法庭准许一项离婚案时，在每一个实例中，都是通过撤销对先在的约定性权力的承认来销毁这种权力。因此，“你被解雇了！”就等于取消了约定性权力：

我们取消了（你被雇用）这项权力。

这就等于

我们不再承认“S 具有权利和义务（S 作为一个雇员进行活动）”。

关于摧毁约定性权力的逻辑结构是对集体承认的否定而不是对承认的内容的否定，这个基本论点就是，这些否定不需要像约定性权力通常所做的那样继续保持地位—功能。因此，婚姻需要继续保持而离婚则不需要继续保持这种地位—功能。

那么，按照这种对制度性实在的逻辑结构的论述，我们把制度性事实分为符号性的、道义性的、荣誉性的和程序性的这样的初步分类该作何解释呢？我认为，这表明了这种分类不可能作为目的明确的分类，因为粗略地说，一切事物原来都是道义性的。首先来看一看程序性的情况。我们提供的所有例子都是叠代的道义性和荣誉性的地位—功能的不同步骤。因而，例如，在选票上写上一个 X 就算作投了候选人的票，而获得多数选票就算作赢得选举，挥棒击球而未中算作击球失败，而三次击球失败算作出局。在这些例子中，程序性的地位—功能就是条件性的道义功能，当条件性功能的前件得到满足时，结果就是制度性实在的叠代等级结构向上迈进了一步。例如，有一次击球未中是一个条件性的道义地位，它的效力就是如果你再有两次未中，那么你就得出局，这是一种新的道义地位，因而是制度性事实的等级结构向上的一步。但是，如果程序性的地位—功能归结为条件性道义的地位—功能和荣誉性的地位—功能，并且可以通过不同地位—功能依次的叠代来解释，那么，就不存在单独的一类程序性的地位—功能了。

那么，荣誉性的地位—功能的情况又是怎样的呢？最好把它们看作是道义性地位—功能的极限情况。一种地位只依据自身来评价，而不是依据加给它的权力来评价，这种地位就是地位—功能的极限情况。荣誉性的实例在某种意义上说是道义性实例的退化情况，因为通常，与这种地位—功能联系在一起的权利和义务被缩小到只依自身的情况来评价或贬斥。荣誉性的地位—功能实际上是道义性的吗？这个问题就如同“零实际上是一个数吗”，或者“空类实际上是一个类吗”这样的问题是一样的。回答这种问题需要的不是事实，而是决定。我认为，最有用的决定就是不要把荣誉性的地位—功能作为单独的一类来看待。

符号性的地位—功能隐含地是道义性功能的一个特例，因为创造语句的约定性意义就是创造说话者用这些语句来执行语言行为的权力。因此，最终我们并没有道义性功能的四个独立的类。但是，如果现在结果变成一切都是道义性的地位—功能，那么“道义性的”这个词就不再是适合的了，因为这个词用来表达的区别不再能保持了。结果就是，从逻辑结构的观点来看，我们不可能坚持符号性的、道义性的、荣誉性的和程序性的这四个类了。我们只有约定性权力的创造和摧毁。这些权力中有些是符号性的，有些是纯粹荣誉性的，有些是负面性的，有些是条件性的。此外，还有些是集体的，有些是个人的，有些是在最底层上赋予无情性现象的权力，另一些是赋予已经具有一些约定性权力的存在物的。就这个问题来说留给我们的只有两大类，一类是以实际的语句和语言行为来狭义解释的语言性的，一类是包括货币、财产、婚姻以及制度性实在中其他一切事物的非语言性的制度性事实。

# 结　论

我们对制度性实在的逻辑结构的论述支持下面的假设。我不知道这个假设是否正确，而且我确实还没有对它加以论证，但它值得进一步加以探讨，而且它说明了我们在此之前所考虑到的各种材料。

恰恰只有一种据以创造和构成制度性实在的基本逻辑运算步骤，它具有这样的形式：

我们集体地接受、认可、承认、同意，“S 有权力（S 做 A）”。我们可以把这一公式简略为：

我们承认“S 有权力（S 做 A）”。

我们把这种公式称为“基本结构”。地位—功能的其他实例是对这种基本结构运用布尔代数运算法，或者是将这种结构表现为叠代结构构成系统的一部分，或者由这个结构所规定的“权力”纯粹是荣誉性的。因此，例如，我必须纳税这种要求是通过对这个基本结构的否定来定义的。

我们承认“S 必须（S 纳税）”当且仅当我们承认“S 没有权力（S 不纳税）”。

在棒球比赛中击球手有一次未击中就是对这个基本结构的限制条件和叠代。

我们承认（S 有一球未中）当且仅当我们承认（如果 S 再有两次未中，S 就出局）。

满足这种条件句的前件便自动地使这种结构上升到更高层次的

叠代的地位—功能，在这里，约定性权力变得很明显。

我们承认“S 出局”当且仅当我们承认“S 必须（S 离开赛场）”。而句子的后半部分可缩略为基本结构加否定：

我们承认“S 没有权力（S 不离开赛场）”。

为了使这种基本的逻辑结构清晰可见，我当然是大大地加以简化了。在棒球赛中出局，除了离开赛场以外，还包含许多其他特征。例如，三人出局和整个一方出局。但我力图使人们理解所有这些特征都通过约定性权力表现出来，而约定性权力是在基本结构上产生的各种变化和叠代。我相信，我们对 X 算作 Y 的公式中 Y 地位—功能的意向内容的逻辑特征的研究，开始表明极为复杂的制度性实在体系有了一个比较简单的轮廓性结构。毫不奇怪，假定了我们必须用来加以研究的初步工具，我们就拥有了通过集体同意或承认赋予一种地位以及与之相联系的功能的能力。但是，我不希望人们对我产生这样一种印象，即认为我自己已经彻底地研究了这些问题。即使到目前为止我的看法是正确的，这种讨论也只是一个开端。

# 第五章　制度性事实的一般理论（2）
# ——创造、保持与等级结构

## 制度性事实的创造和保持

在第四章我们探讨了制度性事实的逻辑结构。掌握了关于这种结构的说明，我们现在就有了足够的材料来陈述关于创造、保持和确认制度性事实的一般理论。在对这种一般理论的陈述中，我要对前面几章的某些材料进行概括以便加以扩展。在这个说明中，我们需要区分四种要素，即制度、制度在创造事实中的应用、制度性事实的持续存在以及它们的标示。

首先，有这样一种**制度**，它允许从社会事实和无情性事实中创造制度性事实。这种制度总是由具有 X 在情景 C 中算作 Y 这种形式的构成性规则（活动、程序）所构成。这一公式并无令人惊异之处，我不希望造成对它的盲目崇拜。关键在于集体意向性对某种现象赋予特定的地位以及与之相联系的一种功能，我需要一个公式来表示这种赋予地位—功能的结构。Y 项对 X 项表示的现象赋予新的地位，而这种新的地位带有一种仅仅靠 X 项表示的固有的物理特征不可能实行的功能。这种功能需要这个地位才能得以实施，而这种地位则需要集体的意向性，包括对这种地位及其相应功能的持续的承认。与之联系着的功能通常确定地包含在表示这种地位的表达式中。例如，用“货币”来表述的这种地位已经包含着诸多功能中作为交换媒介这一功能。有时所说的这种功能只是由地位表达式非常一般地规定着或包含着，有时包含着的是整个范围的功能而不是一种单独的特定功能。例如，丈夫或公民这一地位具有与之相联系的整个范围的功能，而在不同的社会，丈夫或公民的权利和义务又是根本不同的。然而，甚至在这种情况下，将对象作为具有制度性地位所作的描述带有功能性内涵，表明这一点的事实就是，适合于这种地位描述的评价范畴对别的评价范畴则不适合。例如，作为丈夫或公民就已经具有“好的”或“坏的”丈夫或公民的可能性。

也许有必要指出，我在使用功能这个概念时当然不打算认可社会学研究中的任何一种“功能分析”或“功能性解释”。我所论述的功能是内在地与相应地位相联系的功能。因此一般说来，对地位的陈述毫无疑问地包含着相应的功能。说某种东西是货币，按照定义，其中就包含着发挥作为一种交换媒介即作为货币的功能。

在制度中我们需要区分三种要素：制度性事实的最初**创造**、制度性事实的持续**存在**以及对制度性事实以地位标记形式所作的正式（通常是语言的）**表征**。

创造持续存在的制度性事实的典型事件就是财产出售、选举、婚礼、宣战、召开议会以及通过法律、采纳任命。这些事件常常（但不总是）包含明确的执行式的宣告，例如，“我宣布议会召开”“特此宣战”“我宣布你们结为夫妻”。对制度性事实的持续存在要以这样的语句来描述，例如“这是我的妻子”“议会在开会”“一场战争在进行”“我拥有这份财产”“我是牛津大学的毕业生”等，制度性事实以正式的语言表征的典型例子是结婚证书、地契、大学毕业文凭、表示身份的制服、奖章和驾驶执照。

让我们对上述三个要素逐一进行考察。

## 制度性事实的创造

创造制度性事实的最简单的情况就是，制度性结构已经保证了某些较低层次的行为算作较高层次的制度性现象。显而易见的例子就是游戏和语言行为。在国际象棋比赛中，对一个小木块作某种移动就算作马走到象5的位置。在特殊的情况下，这一步也算作你的王被将军。在适当的情形下故意说“我答应来看你”算作答应来看你。在橄榄球赛中，持球者越过对方得分线就算作达阵得分，以及诸如此类的大量实例。有些复杂的情况要求由其实行本身就是制度性事实的行为来创造某些类型的制度性事实。例如创造新的财产权通常需要有买卖行为或赠与的行为。在所有这些事例中，已被赋予地位—功能的现象被赋予新的地位—功能。创造这种类型的制度性事实的一个特例就是明确的述行式话语。一种新的地位—功能被赋予一种语言行为，即赋予地位—功能以功能。当议会的主席说“我特此宣布议会开幕”时，一种新的地位—功能就赋予了这种语言行为，那就是使议会召开得以成立这一地位—功能。但是，这个宣布的结果使得此刻聚集在一起的人员对召开的议会赋予地位—功能，并具有通过法律的权力。

原则上，把所赋予的地位—功能加在已被赋予的地位—功能上的这种叠代似乎没有上限。因此，在选举中，个人对候选人的偏好就算作在选举中投了赞成票；而一系列这样的语言行为，当得到权威机构认可时就算作一次选举；获得足够数量的赞成票就算赢得选举；赢得选举并宣誓就职就算作成为一个城市的市长。

一般的原则是，就具有极大重要性的新的制度性地位来说，我们更倾向于要求它是按照严格的规则执行明确的语言行为从而被创造出来的。而这些语言行为本身都是制度性事实。因此，一场战争在进行，因为已经**宣战**；我们是夫妻，因为我们已经**结婚**；克林顿是总统，因为他已**当选**并且**宣誓就职**。有些通常需要语言行为来创造的制度性事实，只是由于社会事实在一个时期持续存在，因而也可能离开任何语言行为而得以存在。因此，倘若法律是如此提供的，那么就可能会产生不需要结婚仪式的“习惯法婚姻”，财产权可能通过不需要任何拍卖或赠予的“时效占有”而转移。

## 制度性事实的持续存在

理解制度性事实持续存在的秘诀很简单，即直接涉及的个人和相关共同体足够多的成员必须继续承认或接受这些事实的存在。由于这种地位是通过集体地接受而构成起来的，而功能若要得到实施就需要这种地位，因而，继续地接受这种地位对功能的发挥是必不可少的。例如，一旦一个社会的所有成员或大多数成员拒绝承认财产权，如在发生革命或其他剧变时那样，那么在那个社会中财产权就停止存在了。

在我写作本书的这个时代，出现了一个最令人困惑的——甚至可怕的——特征就是持续侵蚀对世界各地大量制度性结构的接受。为维护族群的种族主义而破坏国家认同的事件发生在各个不同的地方，诸如波斯尼亚、加拿大、前捷克斯洛伐克、土耳其以及许多美国的大学。在一些非洲国家，简直无法说清军队和武装团伙的区别在哪里。或者谁是“军事首领”谁是“军阀”。在俄罗斯，这种变化无常的情况竟达到如此严重的地步，以至于你现在很有把握地谈论有关国家、军队、秘密警察和有组织的犯罪团伙之间的关系，但到你读到时就很可能已经过时了。在所有这些事例中，人们很可能认为归根到底一切都取决于谁拥有最强大的武装力量，认为无情性事实总是会超过制度性事实。但是，实际上这种看法并不正确。就武器来说，除非准备使用它的人与其他人合作并且处于一系列公认的授权和命令的结构（不管是多么不正式的结构）之中，否则，武器是没有什么作用的。而所有这些都需要集体意向性和制度性事实。

这个时代存在着一个很大的错觉，即认为“枪杆子里面出政权”。事实上，政权来自组织，即各种地位—功能的系统安排。不幸的持枪者很可能是这个组织中权力最少且处于最危险境地的一分子。真正的权力存在于那些坐在桌子旁边嘟哝着嘴巴并在纸上做记号的人。他们通常没有武器，最多只是佩带礼仪式的手枪和长剑作为装饰物。

由于制度依靠承认和接受才能继续存在，因而在许多情况下，为了保证人们的承认和持续接受，便求助于苦心经营的威望和荣誉。夏尔·戴高乐（Charles de Gaulle）在第二次世界大战期间和战后对待法国的态度就是这些观点经久不衰的例子。戴高乐通过不断强调法兰西的威望和荣誉，在战争期间声称一个独立的法国政府继续存在，并不断强调其他国家首领承认他，这些都有助于他重建和维护法兰西民族国家。这一点是完全具有普遍性的。在制度需要更多的参与者而不是靠武力所能获得的地方，在赞同和支持具有根本重要性的地方，用很多盛大的仪式、庆典和令人眼花缭乱的场面来表示，比单纯接受 X 在 C 中算作 Y 这个公式丰富得多。军队、法庭、在一定程度上还有大学都运用各种仪式、荣誉标记、礼服、荣誉称号、排名以至音乐来鼓励人们继续支持和接受这种结构。监狱发现这些手段没有多大必要，因为它们拥有无情性力量。

在制度并不存在的情况下有一个创造制度性事实的方法，那就是直接作出犹如这种制度存在那样的行动。经典的例子就是1776年宣告美国独立的《独立宣言》。在那里并没有X在C中算作Y这种形式的制度性结构使英国殖民地的臣民能够通过执行式语言行为获得独立。但是美国的这些开国元勋们作出的行动就好像他们在费城召开的会议就是情境C，通过执行某种宣告式的语言行为X，便创造了美国独立这个制度性事实Y。他们从这种语言行为出发，也就是说，鉴于地方共同体的支持和军事力量促成了康华里（Cornwalli）率领的英军在约克城的投降，他们创造并且保持了对制度性事实的接受。

“X算作Y”的公式既适用于这种现象的创造，也适用于这种现象的持续存在，因为构成性规则是创造事实的一种手段，而且，一般说来，构成这种事实的存在的就是这种事实被创造出来而且还没有被毁掉。因此，举行婚礼就算作**结婚**，结了婚没有随后终结、没有离婚或者没有废除婚姻关系，就算作**保持婚姻**。说出“我宣布议会开幕”就算作**召开议会**，对议会来说，如果它已经召开而且随后没有闭会，就算作**议会在举行**。

## 地位指示物

既然制度性事实只有通过人们的同意才存在，那么在许多情况下，这些制度性事实需要有正式的表征，即我在前面所说的地位指示物，因为制度性事实的存在一般不可能从制度的无情性物理事实中看出来。而战争则是一个例外，明显的理由就是无情性事实——例如人群之间大规模的相互厮杀——通常使得正式的指示物成为多余。货币不需要额外的证件，因为它本身就是一种证件形式。在票面上写着它是“1美元”或者“10美元”，等等，所有这些词项都被定义为货币，甚至在前文字社会，铸币本身也是很容易识别的，例如像形状和尺寸大小这些特征就表示出这个东西是铸币这一约定性事实。股票和债券以及信用卡和支票也是通过自身表示出来的。同样，语言行为对于懂得这种语言的人来说也是自我认同的。

在复杂的社会中，通常的地位指示物是护照和驾驶证。它们表示持有者具有合法的出入境资格或者是取得合法驾驶资格的。最普通的表示地位指示的手段就是签字。签署一个文件可能就创造了一个新的制度性事实，但是这种手写体的签名的继续存在同其他同类的东西一样表示这个事实的继续存在。这种文件上的签字仍然保持并起到地位指示物的作用，而在这方面生动的述行话语则不能持续存在。这种地位指示物的功能总是**认识上**的。我们必须对语言在构成制度性事实中的作用（我在第三章中论述了这种作用）同语言在**认同**已经构成的制度性事实中的作用加以区分，尽管同一个词或符号可能同时起到这两种作用。在我谈到地位指示物时，我论述的是后一种作用。

有一些地位指示物无须是明确的语言性指示物，也就是说，它们无须是实际的语词。最明显的例子就是结婚戒指和制服。但是这两者像语言一样仍然是符号性的，戴上结婚戒指或穿上制服就是在执行一种类型的语言行为。这种指示物不仅仅用于认识的功能，而且也用于其他的功能——表达性的、礼仪性的、审美性的功能，而最重要的是构成性功能。当然，制服并不构成一个警察，但它的确符号化了一种地位—功能；不管是何种形式的符号化对于地位性功能的存在都是十分重要的。我在整本书中试图强调语言在制度性事实中不仅描述实在，而且构成实在。

## 事实的等级结构：从无情性事实到制度性事实

在我作出的说明中，存在着一种隐含的等级分类系统，现在我试图把这一点清楚明确地加以阐明。由最高法院作出判决的世界和发生社会主义阵营解体的世界是同一个世界，正如行星构成的世界和量子力学中波函数塌缩的世界是同一个世界一样。本书的目的之一就是要表明何以能够如此，制度的世界何以是“物理”世界的一部分。等级分类系统将表明社会的、制度性的和精神性的实在在单一的物理性实在中的位置。

然而，建构这样一个分类系统并不是简单的事情，因为有几个不同的、互相交错的区别需要加以识别。对此我多少有一点犹豫，但还是在图 5.1 中提供了简化版的表示各种不同类型的事实之间的等级关系。

现在我们已经超出了原来的无情性事实和制度性事实之间的区分，但必须要把原来的区分同以下进一步的区分合并起来。

在第一个层次上，在许多不同种类的事实中，我区分了非精神性的无情性事实（如珠穆朗玛峰的峰顶上有雪）和各种精神性事实（如我感到疼痛或我要喝水）。我不喜欢用旧的笛卡尔主义的术语，因为它似乎包含了精神和物质之间的对立，但是如果我们能够忘掉笛卡尔主义的形而上学，那么就让我们把这种区分称之为**非精神性的无情性物理事实**与**精神性事实**之间的区分。我并不是指这两类事实穷尽了所有类别的事实。例如，如果有数理的事实，那么我们就不把它包括在这个分类系统之中。

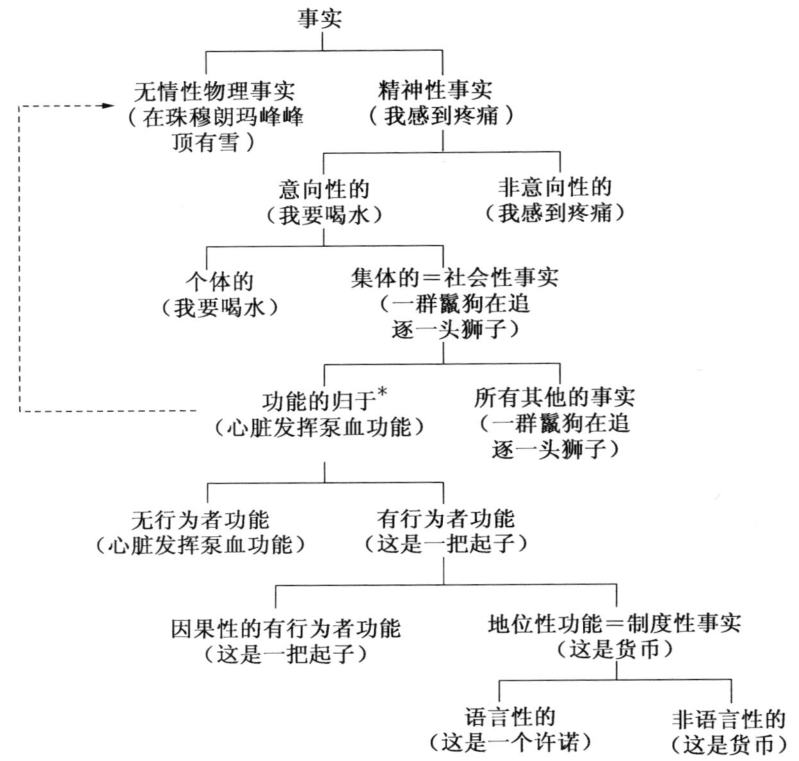


*功能最终总是归于无情性现象，因此在图中有从功能的归于到无情性物理事实之间的连线。

图 5.1 （某些类型的）事实的等级分类系统

在第二个层次上，在精神性事实这个类别当中，我区分了**意向性事实**（如我现在要喝水）与**非意向性事实**（如我现在感到疼痛）。

在第三个层次上，在意向性事实这个类别中，我区分了**个体的意向性事实**（如我现在要喝水）同**集体的意向性事实**（如那些鬣狗在攻击一头狮子）。按照约定，我使用“社会性事实”这个表达使得（所有且只有）集体意向性事实成为社会性事实。制度性事实是社会性事实的一个特殊子类，我们的任务就是要明确地规定这个子类的特征。

从现在起，我就主要讨论社会性事实，虽然某些二元对立也适用于个体的意向性事实。例如，既可以单个人给对象赋予功能也可以集体地给对象赋予功能。

在第四个层次上，在个体的和集体的意向性中，我区分了赋予功能的那些**意向性形式**（如这是一把起子）同**所有其他的意向性形式**（如我要喝水）。赋予了这种功能便创造了**功能性事实**。

我知道这听起来会使人觉得奇怪，说这是一把起子的事实是一种精神性事实，这个事实在本体论上是主观的，尽管在认识论上是客观的，但这一结果是来自所有功能属性都具有与观察者相关这一特性。再则，因为所有的功能赋予最终都基于无情性事实，所以分类系统中的这一特征又涉及第一个层次上的无情性物理事实的存在。有时可以在其他功能上赋予功能，但最终这个等级结构的最底层是无情性现象（见图 5.1）。一般说来，这种赋予功能的等级结构的最底层是无情性“物理”现象。但是，在原则上没有什么理由能够证明为什么最底层不是精神性现象。例如，我们可能决定把发生某种精神性状态算作是构成某种类型的精神病。但在这种 X 算作 Y 的事例中，X 表达式表示一种精神现象。

在第五个层次上，在功能性事实这个类别中，我区分了**无行为者功能性事实**（如心脏的功能是泵血）和**有行为者功能性事实**（如锤子的功能是锤钉子）。被赋予的功能不仅归于人工制品，而且也归于自然现象。“那块石头可作为很好的镇纸石”和“那是美丽的落日”这两者记录并评价了对自然现象赋予的功能。

另外，正如我们可以对自然现象如落日“赋予”有行为者功能，我们也可以在人工制品中“发现”无行为者功能。例如，如果你承认显性功能和隐性功能之间的区别，而且相信隐性功能是无意向的，那么发现制度的隐性功能就是发现一种人工制品的无行为者功能。

例如，如果你认为货币的非意向的隐性功能是保持一种压制系统，那么，你就会认为在货币的有行为者地位—功能中发现了一种无行为者功能。

在第六个层次上，在有行为者功能这一类中我区分了**仅仅靠现象的因果性特征或其他无情性特征来执行的功能**和**仅仅通过集体接受而执行的功能**。有行为者功能发展为制度性事实的关键因素就在于我们集体地对一种现象赋予功能，这种现象的物理性构成不足以保证执行这种功能，因而这种功能只能作为一种集体接受或承认的东西来执行。这些**地位—功能**构成了有行为者功能的一个子类。一类存在的地位性功能等同于一类制度性事实。

通过固有的物理性结构来执行有行为者功能可以通过“那是一只浴盆”和“这是一把起子”这些例子来表达。地位性功能（=制度性事实）可以通过“这是一张20美元的钞票”和“他是一个律师”这些例子来表达。

在第七个层次上，在地位—功能这一范畴中，可以用许多方法对制度性事实进行分类。如使用互相交叉的标准将一种制度性事实同另一种制度性事实加以区分。我不可能把所有这些种类都写在图中，只在这里列出其中的一些：

（1）我们可以依据内容对制度性事实加以区分。我们可以区分其中的语言、经济、政治、宗教等的制度性事实。对我们来说，内容方面最重要的区分是语言性和非语言性的制度性事实之间的区分，比如句子“*Es regnet*”的意思是“天在下雨”，这是一个语言性的制度性事实，克林顿当选为美国总统，这是一个非语言性的制度性事实。

（2）我们可以依据时态来区分制度性事实。我们可以区分一个制度性事实最初的形成（如克林顿于1993年成为总统），这个事实的继续保持（如克林顿在整个1993年是总统，议会在继续开会等）以及由于期满、衰退或彻底毁灭而走向终结（如拜占庭帝国于1453年灭亡）。

（3）我们可以按照逻辑运算来区分制度性事实。在第四章中我指出，基本结构是赋予权力的结构，按照这种结构

我们承认“S有权（S做A）”

例如，“萨莉有20美元”或“琼斯是我们的领导”所表达的就是这样的基本结构。但是在这种基本结构中执行着逻辑运算，如运用否定或条件约束。例如，否定制度性事实的内容中的权力，就成了“萨莉欠我20美元”；否定制度性事实内容中的接受就可以表达为是“琼斯被免除领导的职务”。

在第八个层次上，一旦我们有了语言性的和非语言性的这两种制度性功能，我们就可以在这些功能之上叠代种种功能。某层次的Y项可以是下一个层次上的甚至更高层次上的X项或C项。因此，作为$X_1$的如此这般的话语算作在情境$C_1$中的一个许诺$Y_1$；但是在某种情境$C_2$中，正是那个许诺$Y_1=X_2$算作具有法定约束力的契约$Y_2$。如果把这个契约作为一种情境，$Y_2=C_3$，那么作为$X_3$的一个特殊行为可以算作是对这个契约的违背$Y_3$。在这种违背契约的情境下，$Y_3=C_4$，作为$X_4$的一系列法律行为可以算作成功的诉讼$Y_4$，它具有纠正这种违背契约的行为或者是对它的一种补偿功能。这样的叠代产生了最高层次的制度性事实。

## 制度性事实和能力背景

我曾说过，集体地赋予功能似乎总是一种深思熟虑的行为或者

一套行为。但是除了通过法案或当局改变游戏规则等特殊情况之外，创造制度性事实通常都是一个自然演化的问题，并不需要明晰地有意识地把功能——不管是地位或其他类型的功能——赋予较低层次的现象。我所讲的有关货币演变的历程就说明了这一点：货币以我们所不知道的方式逐渐演变，并不是我们在某一个好日子大家决定把一些纸票算作货币，而在于集体意向性采取了这样的形式：我们开始接受将这些约定支付的票据作为交换媒介，而且我们继续集体地承认它们。也有一些功能赋予的情况包含明确的意向性，但是在我看来似乎只有一种这样的类型。有一种给一个对象赋予功能的方法，即直接使用这个对象来实现那种功能。使用具有某种功能的东西的前提通常是，我们理所当然地接受了它的背景现象的形式。

此外，甚至在集体的意向赋予的行为归于功能的情况下，后来使用具有这种功能的事物也不需要包含原来赋予的意向性。例如，一个人或者一群人发明了某些工具（比如起子和锤子）。在这种情况下，他们通过集体的意向性创造了一些类型的器具，并对它们赋予某种功能。随后世世代代的人就直接在一种包含起子和锤子的文化中成长起来。他们绝没有想到集体意向性的赋予，他们理所当然地认为这些东西是某种有用的工具。曾经一度是以集体的意向性行为明确地赋予功能的东西现在被设想为背景的一部分。在第六章，我们要对背景及其与社会现象因果性解释的关系加以探讨。

# 第六章　背景能力和对社会现象的解释

## 构成性规则和因果性

我曾经说过，人类制度的结构就是构成性规则的结构。我也说过，参与这种制度的人通常并没有意识到这些规则。他们甚至经常对制度的性质产生错误的信念，就连创造这种制度的人都可能并没有意识到这种制度的结构。把这几个论断联系起来便给我们提出了一个严肃的问题：在这些条件下，在那些参与这种制度的人的实际行为中，这种规则能够起什么样的因果作用呢？无论是出于有意识或是无意识，如果参与这种制度的人没有意识到这些规则，而且也没有表现出力图遵守这些规则，如果事实上的确正是这些人创造了或参与了这个制度的演变而他们本人却完全不知道这些规则系统，那么这些规则能起什么样的因果作用呢？

一般来说，这些规则并没有被编入法典，即使在诸如自然语言和财产的实例中，语言学家、议员、法学家把许多规则编入法典，但我们大多数人并不知道这些编制的法典。即使我们知道，这种编成法典的语言系统也不是自行解释的系统。我们必须知道如何解释或运用这种编入法典的规则。

在认知科学和语言学的文献中我们可以找到这个问题的标准答案。在本章的论述中我将否定这种回答，即认为，我们当然是遵守这些规则的，但我们是**无意识地**在遵守这些规则。的确，在很多情况下，这些规则甚至不是我们**能够**意识到的那种规则。例如，乔姆斯基在他对普遍语法的论述中说，儿童能够学会一种特殊的自然语言的语法只是因为他或她已经先天地掌握了这种普遍语法的规则，这些规则是深层的无意识的以至于儿童不可能意识到他们在运用这些规则。[1] 这种观点在认知科学中非常普通。福多尔（Fodor）认为，要懂得任何语言，我们必须懂得**思维语言**。[2] 这种语言是深层的无意识的语言，以至于我们绝不会意识到它在运作。对这些解释我是很不满意的。我们发现，自弗洛伊德以来，随便地谈论无意识而不费力气去解释我们所说的是什么意思，这似乎既有用又方便。我们认为无意识的心灵状态就像意识状态一样，只不过缺乏意识而已。但是，它到底应当意味着什么？对这个问题我一直没有看到令人满意的回答——在乔姆斯基和福多尔的论述中当然没有，甚至在弗洛伊德那里也没有。说得直率一点，我相信在大多数诉诸认知科学中的无意识的理论中，我们对于所谈论的东西是什么实际上并没有清楚的观念。[3]

然而，我在这一章并不主要关注我们时下流行的解释模式的局限，而是在于提出另一种形式的解释。在我们并不知道这些规则的存在而（无论是有意识还是无意识的）没有遵守这些规则的情况下，

---

[1] N.Chomsky，*Reflections on Language*（New York：Pantheon，1975）.

[2] J.A.Fodor，*The Language of Thought*（New York：Crowell，1975）.

[3] 进一步的讨论，参见 J.R.Searle，*The Rediscovery of the Mind*（Cambridge，Mass.：MIT Press，Cambridge MA and London，1992），chap.7。

去说明我们怎样才能与诸如语言、财产、货币、婚姻等这些规则结构相联系，我不得不诉诸我在别的场合提到过的“背景”这一概念。[1] 这一章有两个部分。在第一部分我对背景概念作一些一般性的论述；在第二部分，我要把第一部分所论述的原则运用到对制度性实在的理解上。

## 什么是背景，背景如何起作用?

在我的有关心灵哲学和语言哲学问题的论著中，我已经论证了背景这一论题：意向状态的功能只是提供一套背景能力，这种背景能力本身不是意向性现象。例如，信念、愿望以及规则等只决定满足条件——对信念来说是成真条件，对愿望等来说是实现条件——只提供一套本身并不是意向性现象的能力。因此我把“背景”概念定义为一套非意向性的或前意向性的能力，这一能力使得功能的意向性状态成为可能。但在这个定义中有四个难以理解的概念：能力（capacities）、赋能（enabling）、意向性状态（intentional states）和功能（functions）。

我用**“能力”意指所能、性情、倾向和一般的因果性结构**。重要的是要知道，当我们谈论这种背景时，我们是在谈论某种神经生理学的因果关系范畴。由于我们不知道这些结构在神经生理学层面如何发挥功能，因而我们不得不在更高的层面上来描述它们。例如，当我说我能说英语时，我是在谈论我的大脑的一种因果性能力；但是，如果把这种能力规定为“说英语的能力”而不知道它在神经生

[1] J.R.Searle，*Intentionality*：*An Essay in the Philosophy of Mind*（New York：Cambridge University Press，1983），and op.cit.supra.

理学上实现这种能力的具体细节，那也不会有异议。

那么，**赋能**就意指作为一个原因性概念。我们不是在谈论可能性的逻辑条件，而是在谈论在产生某种意向性现象中起原因作用的神经生理学结构。

**至于意向性状态**，为了进行这种讨论我假定意向性是没有争议的，尽管我也承认，事实上这是一个有许多争议的问题。特别是，我要设定我表明一切意向性状态或者实际上有意识的或者是潜在地有意识这一论点是正确的[1]，因而我将把我的论述限定在有意识的意向性形式中。

最后是**功能概念**。我们马上就会看到，存在着各种各样不同类型的背景功能。我将尽量在各种赋能的一般标题下来解释这些功能。

说明背景论题的最简单的论点就是，任何语句的真正意义只有参照那些本身不是句子语义学内容的一部分，如能力、趋向、技能等背景，才能决定它的真值条件或其他满足条件。只要你任意想一些句子，你就会看出这种情况来，但是也许最明显的是通过包含像“切割”(cut)、“打开”(open)、“成长”(grow）等这样一些简单英语动词的句子，例如想一想“cut”这个词在“萨莉在切（cut）蛋糕”或“比尔在割（cut）草”或“裁缝在剪（cut）布”这些句子中的出现；或者想一想动词“grow”(长）在诸如“美国经济在增长（growing）”或“我的儿子在成长（growing）”或“小草在生长(growing）”这样一些句子中的出现。在这些句子通常的字面表达中，每一个动词都有一定的意义，并没有词汇学上的歧义，也不包含形而上学的用法。但是在每一实例中同一个动词一般都会规定不

[1] J.R.Searle，*The Rediscovery of the Mind*，chap.7.

同的真值条件或满足条件，因为什么算作割或什么算作生长会随着语境的变化而有所不同。如果你考虑的是“割草!”(cut the grass !)这个句子，你就知道对这个“cut”的解释应当不同于对“切（cut）蛋糕”这个句子中“cut”的解释。如果有人要我切（cut）蛋糕，我却用割草机在蛋糕上开过去，或者他们告诉我要割草，而我却用小刀在草上切切划划，那么在通常意义上我就没有按照人家告诉我的那样去做。然而在这些句子的字面意义中并不能够阻止这些错误的解释。在每一个实例中，尽管它的字面意义是稳定不变的，但我们对这个动词都作了不同的理解，因为在每一个实例中我们的解释都要取决于我们的背景能力。

现在我不想展开对背景的论证，但是我要强调指出，这种现象是普遍的。想一想在语用学中讨论过的这样一种句子：“她把她的钥匙给了他，他开了门。”有许多讨论是关于是不是在说话人说出这个句子时，实际上是说（或只是意指）他**用那把钥匙**开了门，是否他实际上是说她**首先**给他这把钥匙，**然后**他开了门，但是一般都一致认为这个句子的字面意义所说的东西存在着某种规定不足的成分。[1]而我则要说，这个句子的字面意义所说的东西存在着**根本**的规定不足。“她把她的钥匙给了他，他开了门”这个句子的字面意义并不能排除这样的解释：他用她的钥匙撞门把门打开了；这把钥匙有 200 磅重，形状像把斧头。或者，他把门和钥匙都吞下去，通过内脏的蠕动性收缩把钥匙插入锁内。

我把它留给你去想象，你的想象可以产生无限荒谬的，但仍然是对这个或另外任何一个句子的字面解释。关键在于，唯一能够阻

[1]　我相信，这个例子最初是由罗宾·卡斯顿（Robyn Carston）所举，参见“Implicature, Explicature and Truth-Theoretic Semantics”, in S.Davis, ed., *Pragmatics: A Reader*（Oxford: Oxford University Press, 1991），pp.33—51。

止这些错误解释的不是语义学的内容，而不过是你对这个世界如何运作具备某种知识，你有某套应对世界的能力，而这些能力并不包括在也不能包括在句子的字面意义中作为其组成部分。

一般地，背景的论题可以从语义学内容扩展到意向性内容。任何意向性状态只是发挥功能，产生效用，也就是说，它只是对照一套并不属于也不能属于意向性内容一部分的背景能力、倾向、性能来决定满足条件。

我对背景的论述同现代哲学中的其他论述是有联系的。我认为维特根斯坦的后期著作中有很多论述是有关我所说的背景问题的。还有，如果我的理解是正确的话，皮埃尔·鲍迪欧（Pierre Bourdieu）论述“习惯”的重要著作同我的背景学说是同一种现象。在哲学史上，我相信，休谟是第一位承认背景在解释人类认识中占中心地位的哲学家，尼采是对背景的彻底的意外性有着最深刻印象的哲学家。尼采忧虑地认为，背景不一定是本来样子。

我想让你感觉到背景是怎样运作的？虽然背景能力不是也不能解释为其他的意向性内容，但它为意向性内容发挥作用形成了必要的先决条件。为了说明这一点，办法之一就是列出几种类型的背景功能来。

**第一，如前面已经论证的，背景能够使语言的解释得以发生。**

我曾断言，任何语句的意义从根本上说都不足以决定其真值条件，因为语句的字面意义只能在一定的背景能力下，才能确定一套真值条件。注意，在这些例子中，这些词都有一种普通的语义学内容。在我们举的例子中，“cut”这个词的确保持着一种普通的意义，但我们不是在纯粹的语义学内容层面上来解释这个句子的；解释要上升到我们的背景能力的层面上。我们可以直接地毫不费力地以一种固定的适当方式来解释这些句子。

**第二，背景能够使感知性解释得以发生。**

适用于语义学的也适用于感知。有一个我们熟知的观点，即如果有某种背景技能，我们就能把事物看作某种事物。想一想维特根斯坦的鸭兔图的例子，这个图向左边看是一只鸭子，向右上方看是一只兔子。[1]我们能够把这个图看成一只鸭子，或者看成一只兔子，因为我们对原初的感性刺激施加了一套背景技巧。在这种情况下，我们发挥了运用某种范畴的能力。而适用于说明这个例子的也一般地适用于说明感知。我把这看作一把椅子，把这看作一张桌子，把那看作一只杯子，事实上任何正常的感知的实例都是把它**感知为**某种实例的，在这里感知者用某种或多或少熟悉的范畴来同化被感知的对象。

上述两种普遍的功能，即背景有助于语言上的解释功能和有助于进行感知性解释的功能，通常可以推广到意识上。

**第三，背景构造意识。**

有一个关于意识的有趣事实就是我们发生的意识经验带有我所称的熟悉的相态。即使我在一个陌生的地区，在墨西哥的丛林或在非洲，虽然那里的房屋和人们的穿着看起来同在欧洲或美国看到的样子很不一样，但那些房屋是作为房屋为我所熟悉的，那些人群作为人是我熟悉的。这是衣服，那是天空，这是土地。所有非病态的意识形式都在熟悉的相态下被体验到，这是我们的背景能力的一种功能。由于所有意向性都是有相态性的，因此有意识的意向性都是有相态的。感知的可能性——即在相态下进行体验的可能性——需要熟悉据以体验那些相态的范畴，使用这些范畴的能力就是背景能力。

我们通过推广前两个特征，即背景对语义学解释和感知性解释是必不可少的，便发现背景的第三个特征。我不大情愿使用“解释”

[1] Ludwig Wittgenstein，*Philosophical Investigations*（Oxford：Basil Blackwell，1953），part Ⅱ，sec.xi.

这个词，因为这个词暗示某种定义上错误的东西。使用解释这个词就表示只要我们在理解某种东西或感知某种东西时，就有某种解释行为，当然我不想这样说。我要说，通常只是看到一个对象或者理解一个句子，无须任何解释行为。产生解释行为是一种特殊的智力活动。当我们实际上在执行一种有意识的和深思熟虑的解释行为的情况下，例如在我们要用一个词代替另一个词的情况下，我可能会同维特根斯坦一样[1]，需要保留“解释”这个词。有了这个防止误解的说明，我就要说，要理解种种话语或体验普通的意识状态都需要背景能力。

请注意，人们想要通过纯粹理智上的努力来与我们的背景划清界限。一些超现实主义的画家就试图这样做，但是即使在超现实主义的绘画中，三个头的女人仍然是女人，表针下垂的钟表仍然是钟表，那些乱七八糟的东西仍然是一些对着地平线、衬映着天空和远景的对象。

我迅速地通过了这个危险的地带，为此我要向人们致歉。我要尽快地回到对制度性事实进行因果性解释这个主要问题上来，此刻关键是要发现我进行这种讨论所需要的工具。

这就引出了背景的下一个表现。

**第四，时间上延续的经验的顺序以一种叙事的和戏剧的形式出现在我们面前。这些经验的出现由于缺乏更好的语词来表达，我就称之为“戏剧性”范畴。**

正如我们的特殊经验是以相态面貌出现在我们面前，即以相态的形式出现，同样对于经验的顺序有一种叙事形式。如我们在此之前所考察的例子表明的，这种背景不仅是插曲式的应用，而且还有

[1] Ludwig Wittgenstein, *Philosophical Investigations*（Oxford：Basil Blackwell，1953），part Ⅰ，para.201.

我们可以称之为对一系列连续事件的动态的运用。表明这一点的明显例子是感知性和语言性的范畴推广到事件的一长串顺序中。我不仅感知到诸如房子、汽车和人这样一些事物，而且还具有对某种剧情的期待，这种期待使我能够同我的环境中的人和对象打交道。这些剧情包括例如一套说明房子、汽车和人如何相互作用的范畴；或者当我走进餐馆，事情如何进行的戏剧性范畴；或者当我在一家超市购物时所发生的事情的戏剧性范畴。更重要的是，人们在他们的生活中有一系列更大范畴的期待，例如，恋爱的范畴、结婚和建立家庭的范畴、上大学并取得学位的范畴等。拉·劳斯福柯（La Rochefoucauld）曾说过，如果没有读过恋爱方面的书，就没有几个人会谈恋爱。如今，我们必须对这个说法加以补充说明，如果他们没在电视或在电影上看过谈恋爱，就没有几个人会谈恋爱。当然，他们从电视、电影和阅读中所得到的东西一部分就是一套信念和愿望。然而，现在的关键点是信念和愿望只有对照一种本身并不是信念和愿望的背景能力才能使满足条件得以固定下来。因此，背景的另一个表现就是延续事件的顺序并把这些顺序构成叙事形式，我把这称之为戏剧性范畴。

**第五，我们每个人都有一套诱导性倾向，这些倾向决定我们经验的结构。**

假定你喜好中东地毯、赛车和美酒。那么你对巴黎或纽约的大街的体验就会不同于那些喜好云雾的形成和亚利桑那仙人掌的人。对于喜欢收藏美酒和中东地毯的人有很多体验的机会，而采集亚利桑那仙人掌的人则没有很多机会。当然，收藏中东地毯的人的确有对中东地毯的信念和愿望。例如，我相信哈萨克人购买中东地毯所花费的钱比哈马丹人更多，而且我相信古代的地毯比现在要昂贵得多。我想拥有华美的装饰品。这些以及其他信念和愿望都有助于构成我的经验。但是对于我们现在的讨论来说，重要的是，除了这些特殊的信念和愿望以外，使这些信念和愿望获得意义的是一套诱导性倾向。

**第六，背景促成某种准备状态。**

在任何既定时候，我都倾向于准备接受某些事情而不准备接受别的事情。在大城市，我准备好听到街上的喧闹声、汽车的鸣笛声以及看到许许多多行人、商店和车辆。当我在滑雪坡道上时，我时刻准备着其他滑雪者整装待发从我身边经过。但是如果我在课堂上讲课，我就完全不会为一个滑雪者滑过演讲厅作准备。如果一个滑雪者突然经过，或者一只大象径直走进房间，那我一定会感到异常惊讶。但是，我完全为那种在演讲厅里会听到的声音和种种反应作好了准备。我的背景能力决定了一套有准备状态，它构成我的经验性质。当我滑雪时，我准备好视其他滑雪者为潜在的危险源，或是在电梯通道上想要挤到我前面去的人，或是滑雪技能优秀的榜样，或是对异性有吸引力的成员，或是穿着优质或劣质滑雪服的人，或是滑雪坡道上遇到的滑雪老朋友。而在研讨班上，我已作好准备有人举手批评我关于无限后退的论点或指出文章中的错误，但是我没有对相反情况作好准备。如果在红犬脊山山顶厚厚的积雪中，我遇到一群人，他们坐在大学课桌旁，举起手对我说，“在你的一个论点中存在无限后退”，我会对此感到惊异。这样的事可能发生，但肯定不是其背景使我随时准备接受的那种事情。许多喜剧性场面正是建立在这种不协调场景上的。

**第七，背景使我倾向于某种行为。**

我对某种笑话容易发“笑”而对另一些笑话则不容易发“笑”；我以一定程度的音量说话而不倾向于别的音量；当我同别人谈话时，我倾向于同这个人保持这种距离而不是另外一种距离。我把所有这些情况称为背景表现。

因此，以上这些就是我的背景能力在实际发生的意向性形式中的七种表现方式。任何时候，我都没有认为这七种方式就是背景表现的全部，但至少我有理由相信这些方式是适合于目前为止我所论述的背景理论的。

## 背景因果关系

现在我要转到我的论述主题上来：尽管我们并不是有意识或者无意识地遵守规则，在我们谈论制度时，制度的规则如何起作用呢？当然，在某些情况下，我们实际上在遵守规则。我教你一种新的纸牌游戏，你可能记住这些规则并且遵守游戏的规则。但是，在许多情况下，特别是当我已经能够在这种制度中熟练操作以后，我完全知道怎么做。我知道什么是适当的行为而不需考查这些规则。

让我举两个使我感到困惑的例子。试想熟练的职业棒球选手。在他击球以后便跑到第一垒。那么，如果我要问，他为什么这样做？我们可以说：他想要成功击球；他想要上第一垒，他这样做是因为想要得分从而促使他的球队获胜。但是，在这种解释中棒球规则到底起什么作用呢？我们是不是还要说，他想要遵守棒球规则呢？那似乎令人感到有点奇怪，这个说法对于初学的人比较合适。除非发生某种争执，棒球规则根本无关老手的事，他已经十分熟练用不着担心触犯棒球规则。再看另一个例子。一位妇女拿着她的购物单到超市去购物。这张单子明确地陈述了一套购买物品的愿望，而在购物的过程中，这位妇女要考虑到钱和商品。我们是不是要说，除了她要购买各项物品的愿望以外，她还有一个遵守货币的制度性规则的愿望，或者说她是在无意识地遵守货币的制度性规则呢？我觉得这些说法是令人难以置信的。正是由于这种难以置信的看法，促使我现在试图提出一个问题。

如果看一看近代社会科学史，我们就可以发现，大体上说有两种因果关系得到接受。一种是精神的因果关系。按照这种因果关系，行为主体可以有意识或无意识地把一套合理的程序运用于一套多少是清晰的意识状态，例如优选规范或内化的规则。这种意向性的解释在许多情况下是适合的，例如我们可以有理性决策的行为。例如一个国家的领导者试图决定一项将会改善支付平衡状况和提高经济增长率的经济政策。这就是作出理性决策的一个实例，而且似乎运用了某种类似于理性决策的原则。但是，在许多情况下，用这种模式是很不自然的。假定我要驾车上班，或者我坐在一家餐馆里看着菜单试图决定吃什么。在这些情况下，如果说假定事先存在一套秩序井然的选择，我通过实行一套运算试图使自己达到更高的无差异曲线，这种说法似乎是难以置信的。

事实上，如果我们真正仔细地观察一下决策理论的理性模式，就会发现这些理性模式是不能令人满意的。举例来说：贝叶斯决策理论（Bayesian decision theory）的一个结论是，如果你对任何两个事件进行评估，那么必有某个或然率使你接受优势一方而否定另一方。因此，如果你评估一角钱，并且评估你的生命，那么必有某种或然率使你肯定生命而否定一角钱。现在我要告诉你，并没有一种或然率使我拿生命同一枚角币作赌，即使存在这种或然率，也不会存在我拿我的儿子的生命去赌一枚角币的或然率。我曾经向几个著名的决策理论家指出这一点，通常经过一个半小时的论辩后，他们说：“你的问题完全是不合理的。”我却不这样认为。我认为倒是他们存在着合理性问题。我不想在这里展开我的论证，但是我要指出，对照截然划分的、清晰的意向性内容，合理性概念作为一套特别的、明确规定的运算是不恰当的。

在社会科学中，另一种通常形式的因果性解释并不求助于意向性内容，而是求助于无情性物理因果关系。在美国，行为主义是这种解释的最突出形式。我曾经认为行为主义是没有生命力的，但最近有某种使它复活起来的力量。

那么我们应当怎样看待背景因果关系呢？如果我们认为有这样两种一般的行为的因果模式，一种是运用意向性的因果模式，而另一种是运用可以称为台球式的因果模式，那么哪一种是适合于描述背景的呢？我要证明，最终这两种模式中的任何一种都不是合适的模式。我们需要另一种不同的模式来解释背景能力是怎样使我们能够与制度相关联的。

熟悉认知科学最近争论的读者都会认识到某些与此密切相关的问题。我要解决的问题是：我们怎样描述背景能力对于制度的作用？一个相关的讨论了数十年的问题是，如何区分规则**描述**的行为和规则**支配**的行为。我们应当怎样看待语言的规则，例如句法的规则？有一种观点认为，除了作为对现象的理论性描述的一部分，这些规则并没有任何实在性。因而这些规则乃是语言学家们用来描述现象的手段，但它们只是描述这种行为，而对于产生这种行为实际上并不起任何作用。一种比较大胆的观点认为，这种行为并不只是规则描述的，而且还是规则支配的，或者说是规则指导的。在这种情况下我们应当把规则的语义学内容看作对决定这种行为起到因果作用的。例如，当行为者造了一个英语句子，他的无意识的内化的规则实际上对于产生这种特殊的句法结构具有因果性作用。当成年人以任何语言施行语言行为时，当他许下一个诺言或者给出一个指令时，我们应当把语言行为的规则看作是在行为的产生中无意识地发挥作用的。

那么，上面说的两种方式哪一种是对待背景的正确方式呢？我对这两种方式都不满意。在这里我要提出对这个问题的看法。如果我们意向性地看待背景，那么我们就抛弃了背景论题。我们达到这个论题首先仅仅是因为我们发现意向性只能达到这个程度，意向性不是自行解释的。但是，另一方面，如果我们说，规则在这种行为中根本不起因果性作用，那么我们就必须说，背景正是这样的，这正是这个人所做的事，这个人正是以这种方式作出行为。例如，他造了这样一种句子而不是别的种类的句子。他只是以他实际如此的方式去行动，那就是事情的结局。维特根斯坦常常谈到后一种方式。他说那正是一种**无根据**的行为方式。[1]我们到达了我们恰好到达的地方，我们以这种方式说话而不是以别的方式，我们接受这而不接受那。但是维特根斯坦对待这个问题的方法并不是令人满意的，因为这种方法并没有告诉我们规则结构的作用是什么。我们要说，像货币、财产、句法以及语言行为等制度都是构成性规则系统，我们需要知道规则结构在对人类行为的因果性解释中的作用是什么。我谈话、我用钱买东西，就像我走路一样自然，但是谈话和货币看来是有规则结构的，而走路看来是没有规则结构的。

在当代智力生活中，与此密切相关的问题的另一种出现方式就是时下认知科学中两种相互竞争的范式之间的论辩。一种是传统的范式，如冯·诺伊曼（Von Neumann）的连续信息处理，在这种范式下计算机执行一套线性的程序步骤；另一种范式是最近发展的平行分布的处理方式或神经网络模型。在这种处理方式中存在着有意义的输入和输出，但是其中没有符号处理步骤。确切地说，在它们

[1] Ludwig Wittgenstein，*Philosophical Investigations*（Oxford：Basil Blackwell，1953），part Ⅰ，para.324ff and passim.

之间只有一系列具有不同联系强度的节点。信号从一个节点传到另一个节点，最终联系强度上的变化产生输入和输出的正确匹配，在其间并没有任何一套规则或逻辑原则。有人可能会说，有关背景的所有议论当然是与联想主义的认知模式比较吻合，比较一致的。我想这是对的。但是它仍然给我们留下了那些由反对联想主义的人提出的问题，那就是，使这个系统产生有结构的输出，以此来显示合成属性和其他逻辑属性的内在结构特征是什么？

这就是我们面临的矛盾：我们需要一种因果性解释，既能够解释我们的行为的错综复杂性和敏感性，又能解释行为的自发性、创造性和原生性。但是，我们只有两种因果性解释的范式，这两种范式似乎都不适合于解释个体的人与社会结构的关系。一种范式是按照规则、原则之类的东西进行理性决策的范式，另一种是无情性物理的因果性解释，而不是意向主义、理性主义的解释。不论它是不是联想主义或行为主义，这种类型的因果性解释都没有理性结构。

要理解背景结构和社会制度结构之间的因果关系，关键在于看到背景在因果性方面对于制度的构成性规则的特殊形式具有敏感性，而无须实际上包含对这些规则的任何信念、愿望或表征。要了解这一点，就让我从一个简单的例子着手。假定棒球运动员都懂得如何打棒球。开始时，他们实际上学了一套规则、原则和策略。但是在他熟练以后，他的行为变得更加流畅，更有节奏，对形势能作出更灵活的反应。在我看来，在这种情况下，他并不是更熟练地运用这些规则，而是获得了一种进行适当反应的倾向或技巧，这里的反应的适当性实际上是由棒球的规则、原则和策略的结构所决定的。我现在要解释的基本观念就是，一个人能够发展、形成一套对意向性特殊结构具有敏感性的能力，而不是由那种意向性实际地构成这种能力。一个人发展了技巧和能力，这种技巧和能力可以说在功能上与这种规则系统相等同，而不是在实际上包含对这些规则的任何表征或内化。

让我们来考察一个比打棒球稍微复杂一点的例子，即货币。我已经尽量描述了货币的构成性规则。这些规则怎样在实际行为中起作用呢？使用货币的人并不知道这些规则，而且我要证明，无论是有意识还是无意识，一般说来他们也并不使用这些规则，而是，他们发展了一套能够对这些规则的特殊内容具有敏感性并对其作出反应的倾向。所以他们必须具有使用货币作为交换媒介的能力，他们必须对假币和真币之间的区别有灵敏的反应能力，尽管他们如果没有专家的帮助也许说不出这些区别。他们的行为必须能够反映这种钱币之所以有价值不是由于印出来的这张纸，而是由于它具有作为交换媒介的功能这个事实。这种根深蒂固的能力和技能事实上是这类构成性规则的反映，我们依据这些构成性规则赋予那些存在物依其物理性结构并不具有的功能，但这些功能只能通过集体的同意或接受才能获得。

在背景的功能结构和与背景能力相关的社会现象的意向性结构之间存在着一种对应关系。这种严格的对应关系使我们产生一种错觉，以为能够使用货币、能够与社会相处、能够说一种语言的人必定是在无意识地遵守规则。在这里我要证明，当然存在着规则而且我们的确经常有意识或无意识地遵守规则，但是，

1. 这些规则决不是自行解释的，

而且

2. 这些规则决不是穷尽无遗的，

以及

3. 事实上，在许多情况下，我们只是知道做什么，只是知道怎样应付这种情形，但我们并不是有意识或无意识地运用这些规则。

我们并未有意识或无意识地来想一想，“啊！货币是一种通过集体意向性按照‘X 在 C 中算作 Y’的规则赋予功能并需要集体的同意”。而是我们发展了对特殊的制度性结构作出灵活反应的能力。

如果我们考察一下某些与此类似的解释策略，就可以更好地理解这些观点。我所持的看法同进化论生物学中的某些问题有着明显的相似之处。从哲学视角来看，达尔文进化论生物学令人赞叹的东西不仅在于从物种起源的生物学解释中排除了目的论，而且在于它给我们一种新的解释，一种倒转了原有解释方法次序的解释形式。例如在达尔文以前的生物学中，我们可能说，“鱼具有它实际具有的形状是为了能在水中生存”。而在进化论的生物学中我们把那种意向性的或目的论的解释颠倒了过来，代之以两个层面的解释。首先是因果的层面。我们说鱼拥有现在所具有的这种形状，是由于它的遗传学结构，由于为了应对环境由遗传型产生具有共同表现型的生物的途径。第二是“功能”的层面。我们说具有那种形状的鱼要比没有这种形状的鱼更适于生存。因此，我们便颠倒了原来的解释结构。原来的结构是，鱼为了生存才有那种形状，现在我们把这种解释结构颠倒过来：鱼无论怎样都会有一种形状，但是的确具有这种形状的鱼要比没有这种形状的鱼更适合于生存。请注意，我们颠倒过来的东西是什么。生存仍然作为解释的一部分发挥功能，但是现在我们按照进化的历史过程把它引入解释。生存在若干世代中发挥功能，而它的因果性作用被颠倒过来。现在由于消除了目的论，生存就不是生物在追求的目标而只是发生的结果，而当它发生时，就能够再造生存—繁殖的机制。

类似的颠倒也应当适用于人类应付社会现象的背景能力。我们不说人类之所以以他现有的行为方式行动，是由于他在遵守制度的规则，而应当只是说，首先（在因果层面上），人们之所以以实际上具有的行为方式行动，是因为他有使他趋向于那种行为方式的结构；其次（在功能层面上），他之所以会倾向于那种行为方式，因为那就是符合制度规则的方式。

换句话说，为了符合这些规则，他并不需要知道这种制度的规则也不需要去遵守这些规则；他只是倾向于某种方式的行为，但获得了以某种方式对制度的规则结构具有敏感性的那些无意识的倾向和能力。把这一点联系到具体的实例中，我们就不应当说有经验的棒球手跑到第一垒是因为他要遵守棒球规则，而应当说由于这些规则要求他跑到第一垒，他便获得了一套背景习惯、技巧和倾向，以致当他击球后，便跑到第一垒。

让我来设想一个能够说明这种解释线索的思维实验。假定有一个部落，儿童从小就开始打棒球。他们从来不知道制定出来的规则，但是他们在打球时做得对就受到奖励，做得不对就受到批评。例如，如果这个孩子有三次击球未中，他说："我能不能还有一次击球机会？"大人就会告诉他："不，现在你必须坐下来让另一个人接着击球。"我们可以假定，这些孩子就这样在打棒球时逐步变得非常熟练。现在我们再假定有一些外国的人类学家试图描述这个部落的文化。一位优秀的人类学家可能仅仅通过描述这些孩子打球的行为以及根据他们在打球时认可的规范就提出棒球的规则。但是从这些人类学家描述的准确性中并不能得出结论说，这个社会的成员是在有意识或无意识地遵守那些规则。然而那些规则对于解释他们的行为的确起到至关重要的作用，因为他们已经获得了一些倾向，这些倾向恰恰成了棒球的规则。

这是刻意想象的例子，但是在实际生活中，我们对于句法规则或语言行为规则也有类似的情形。只有像我这样研究语言行为理论的人才会费心思去编制语言行为规则。而一个孩子在成长过程中会发现，如果他许下一个诺言，他就必须遵守这个诺言，如果他食言了，就要受到严厉的批评。这孩子便养成了一种使他能够与这种制度相处的能力。上面所说的适用于棒球和诺言的解释思路在我看来也适用于句法。因此，我要提出，在学会与社会实在相处的过程中，我们获得了一种认知能力，它在任何地方都对意向性结构具有敏感性，特别是对复杂制度的规则结构，而不需要处处都包含那些制度规则的表征。

总体来说，我们可以承认人类制度的极为复杂的、由规则支配的结构，我们也可以承认，那些由规则支配的结构在我们的行为结构中起因果性作用。但是我要提出，在许多情况下，如果以为我们的行为之所以与规则结构相适应是因为我们在无意识地遵守规则，那么这种设想恰恰是错误的，当然不可能从这些讨论过程提出的证据中得到支持。而是应当说，我们逐渐形成一套能够对规则结构具有敏感性的倾向。

也许有人会提出质疑："你实际上是不是在说我们'好像'在遵守规则。但是，那样一来并没有真正解释任何东西，因为如果没有真正的意向性，那么这种'好像'的意向性并没有解释任何东西。好像的意向性之所以没有因果效力是因为它实际上并不存在。好像的意向性正像丹尼尔·丹尼特（Daniel Dennett）的'意向战略'[1]一样是空洞的，而所有这些恰恰就是你一直反对的那种行为主义。"

不，那不是我所说的；相反，我所说的是，如果你理解所涉及的因果关系的复杂性，那么你就能够了解一个人在一种制度中常常是以一种熟练的方式行动，他的行为好像是在遵守规则，但并不是因为他在无意识地遵守规则，也不是因为他的行为由一种乍看起来

[1] Daniel Dennett，*The Intentional Stance*（Cambridge，Mass.：MIT Press，1987）.

好像是一种规则结构的无差别机制所决定，而是因为**这种机制已经精确地演化了，因而它会对规则具有敏感性**。这种机制解释了行为，而机制是由规则系统来解释的，但并不需要这种机制本身是一种规则系统。我将简要地用另一个层面，即历时性层面来解释某种社会行为。

还有最后一种责难。有的人可能会说："为什么你毕竟还是有这些规则呢？为什么你不直接就采取某种行为主义？这些事情只是在发生，人们只是在做这些事情而已。"对这种责难的答复是，在涉及人类制度的地方，我们接受一种由社会创造出来的规范成分。如果在棒球赛中，在某个人投球时，他却直接跑开了，我们会承认在这里有什么不对的地方。如果一个人在许下诺言要做某件事以后却不承认有任何理由应做这件事，那么我们也会承认这个人有什么不对的地方。如果一个人走来走去装腔作势地说一些不合语法的句子，那么我们也会承认这里有某种不对的地方。所有这些例子都包含着某种不对的地方，而这种不对同一个人走路时跌跤的那种不对的情况不一样。那就是说，在制度性结构中有一种由社会形成的规范成分，这一点只有通过这样的事实才能说明，即制度性结构是一种规则的结构，而我们在描述这种制度时所确定的现实的规则就决定了这种制度成为规范性的那些方面。因此，正是由于作出一种许诺就算作承担一种义务这样一种规则，我们才认识到在许诺的制度中某种行为是可以接受的，而其他某种行为则应免于接受。因而事实上存在着起因果功能的构成性规则，事实上在我们的分析过程中的确发现了那些规则。但由此并不能得出这样的结论，即一个人只有在实际上了解并记得这些规则而且有意识或无意识地遵守这些规则后才能在社会中发挥作用。也不能得出以下结论，即一个人只有在把这些规则作为**规则**加以"内化"后才能在社会中发挥作用。关键在于我们不应当认为，在社会中能够得心应手行动的人，熟练地了解这个社会的社会制度的人，之所以如此熟练，就是由于他掌握了这个社会的规则；相反，我们倒是应当认为，这个人发展了一套倾向和能力从而使他对这个社会能够应付自如，而他之所以发展起这套能力是因为这些能力是他的社会规则。这个在他的社会中得心应手的人就像大海中的鱼或眼窝里的眼球那样自由自在，我们并不需要完全通过规则来说明这三个实例中的任何一个行为。

# 第七章　实在世界存在吗？（1）——对实在论的种种攻击

到目前为止，我着力分析了那些事实的本质和结构，在某种意义上我试图解释它们是依赖于人们的同意或接受而存在的。整个分析都是以依赖于我们的事实与不依赖于我们而存在的那些事实之间的区分为前提的，我起初把这种区分描述为社会的和制度性事实同无情性事实之间的区分。现在我该对这种分析所依据的对立面加以辩护，对完全不依赖于我们而存在的实在的观念加以辩护。此外，在整本书中，我一直预设我们的陈述若是真的都是与事实相符合的，现在也该是对这种预设加以辩护的时候了。当前哲学界通常既否定独立于人的表征的实在的存在，又否定真陈述与事实相符合，这就促使这些辩护更为紧迫。本章和下一章是有关实在论的，最后一章是有关真理符合论的。对这些问题进行全面的讨论至少需要再写一本书，但是为了达到本书的要求，我至少需要对我们当今常识性的科学世界观所依据的某些必要前提作一个简短的叙述，因为本书的其余部分，更不用说这种科学世界观，都要依赖于这些必要前提。

最后的这三章可以说是努力做一些哲学上的家务事，力图把房间收拾干净。

## 我们当代世界观的一些必要前提

为了了解根本性的东西，我们需要把我们世界观的一些必要前提明白地陈述出来，使我们知道在哪里能够看到它们。我们世界观的一个形式特征就是我在第一章中试图解释的客观性和主观性之间的区分。这种区分除了通常存在的模糊性和界限不清的问题——这些问题并不严重——还存在认识论和本体论意义上的系统的双重含意。按照认识论上的主观性 / 客观性和本体论上的客观性 / 主观性之间的区分，我们可以确认我们世界观的以下结构性特征。

1. 世界（或者用另一种说法，实在或宇宙）不依赖于我们对它的表征而独立存在。我将把这种观点称为“外部实在论”。后面我将详细地加以论述。

2. 人类具有对自身了解和表征这个世界特征的各种各样的相互联系的方式。这些方式包括知觉、思想、语言、信念、愿望以及图画、地图、图表等等。我仅用一个一般的术语把它们集体称为“表征”。如此定义的表征的特征就是，它们都具有意向性，**固有**的意向性如信念和知觉，**派生**的意向性如地图和语句。

3. 有些表征，如信念和陈述旨在关涉和表征实在中的事物是怎样的。就它们表征得成功与否而言，分别把它们说成是真的或假的。当且仅当它们与实在中的事实相符合，它们才是真的。这就是（一种形式的）真理符合论。

4. 表征的系统，如词汇表和一般的概念系统是人类的创造，就这个方面来说，它们是任意的，表征同一个实在可能有任何数量不同的表征系统。这一论题被称为“概念相对性”。我在后面还要对它详加论述。

5. 人们为获得对实在的正确表征而作的实际努力会受到各种因素的影响——文化的、经济的、心理的等等。完全的认识论上的客观性是很难的，有时甚至是不可能的，因为实际的观察总是从某种视角出发，受到个人因素的刺激，并且处在一定的文化和历史境遇之中。

6. 获得知识就在于拥有真的表征使我们可以给予某种证明或证据。因此，按照定义，知识在认识论意义上是客观的，因为知识的标准不是任意的，它们是非个人的。

知识可以依据内容自然地加以分类，但是并不存在一个特别的主题叫作“科学”或“科学知识”。存在的只是知识，“科学”乃是作为一个名称被我们运用于各领域，在那些领域知识已经是有系统的，如物理学或化学。按照认识论和本体论的客观的/主观的意义上的区分，我们可以说，命题1（外部实在论）非常接近于本体论上客观实在的观点。这两种论断并非恰好等同，因为有一个不依赖于表征的实在存在（外部实在论）这一论断并不就恰好等同于完全不依赖于心灵的实在存在（本体论的客观性）这一论断。作这种区分的原因是某些心理状态，如疼痛在本体论上是主观的，但疼痛并不是表征。它们是独立于表征但不是独立于心灵的。本体论上的客观性包含着外部实在论，因为心灵的独立包含着表征的独立。但不能说反过来也是正确的。例如，在没有心灵的独立的情况下，疼痛也可以是表征的独立。命题2意味着，不论是本体论上主观的还是客观的，不论在认识论上主观的还是客观的，本体论上的主观性使我们在认识论上了解我们所了解的所有实在。命题5表明，认识论上的客观性常常是难以达到的；命题6表明，如果我们具有真正的知识，那么我们就通过定义有了认识论上的客观性。

我希望读者会发现这六个命题是如此明显以至于对我的这种陈腔滥调感到疑惑。但我必须指出这些命题存在着大量的混乱。命题1和命题3分别表示实在论和符合论，这两者常常会彼此混淆。更糟糕的是，这两个命题常常被认为是已经被驳倒了的。有一些哲学家认为命题4，即概念的相对性，为实在论制造了一大难题，有的认为它驳倒了实在论。许多哲学家认为命题3，即符合论，已经单独地被驳倒了；有几位文学理论家认为命题5对于客观知识的可能性造成了一个问题，正如命题6所说的那样，也许甚至是驳斥了如命题1所明确表示的实在论。

所以，我除了慢慢地至少一步步地考察这些问题中的几个问题以外，恐怕已没有什么事情要做。让我们首先提出这样一个问题——

## 什么是实在论？

作为一个初步的表述，我把实在论定义为世界不依赖于我们对它的表征而独立存在的观点。这种观点可以得出这样的结论：如果我们从没有存在过，如果从来没有任何表征——任何陈述、信念、感知、思想等等——那么世界的绝大部分仍然毫无影响地存在着，除了世界的一个很小角落是由我们的表征所建构或者受其影响以外，这个世界仍然会存在着并且恰好像现在一样地存在着。还可以进一步得出一个结论：如果我们全都死去，我们的所有表征也便随之消失，那么这个世界的绝大部分特征将仍然完全不受任何影响，这些特征将同以前一样继续维持下去。例如，让我们假定在喜马拉雅地区有一座山，这座山我向自己和其他人表征为“珠穆朗玛峰”。珠穆朗玛峰不依赖于我或任何其他人如何表征它、或是否曾经表征它、或表征为任何别的东西而独立存在。此外，珠穆朗玛峰有许多特征，例如，如果我作出“珠穆朗玛峰在接近峰顶处有雪和冰”这样的陈述，那么我所表征的这种特征如果从来没有任何一个人以任何方式表征过，那么它们也仍然完全毫无影响地继续存在，而且也不会因为消除了这些或任何其他表征而受到丝毫影响。人们也许会这样表达这一观点，即存在许多不依赖于语言的特征、事实、事态等等。但是，我则更一般地通过“表征”来说明这一点，因为世界不仅不依赖于语言而且也不依赖于思想、感知、信念等等而独立存在。这一观点就是，绝大部分实在不依赖于任何形式的意向性。

在哲学史中，一直以广泛多样的意义使用着“实在论”这个词。在中世纪，实在论是关于共相具有实在性存在的理论。如今我们常常听到“模态实在论”“伦理实在论”“意向实在论”“数学实在论”等等说法。为了我们在这里所进行的讨论，我要规定，“外部实在论”和“实在论”(缩写为“ER”）所表示的是上面这段话所概述的观点。我用“外部的”这个比喻性词语来表示这样一个事实，即我们所谈论的观点认为，实在在我们的表征系统以外，或说外在于我们的表征系统。

在我们考察那些支持和反对实在论的论点以前，我们必须把实在论观点同其他常常与之混淆的观点区别开来。第一个混淆就是设想实在论与真理符合论是等同的或者至少包含真理符合论。但是实在论并不是真理论，也不包含任何真理论。严格地说，实在论与任何真理论都不矛盾，因为实在论是一种本体论理论而不是关于“真”的意义的理论。它根本不是一种语义学理论。因此坚持外部实在论而否定符合论也是可能的。[1] 按照通常的解释，符合论包含着实在论，因为它意指有一个实在存在，陈述如果是真的就是与之相符合；但是实在论本身并不包含符合论，因为它并未意指“真”是作为陈述与实在之间符合关系的名称。

另一个误解就是认为存在着关于实在论的某种认识论的东西。例如希拉里·普特南（Hilary Putnam）写道 [2]：

> 实在论的整个内容就在于它使一种从上帝眼光来看的观点（或者最好说成是从无处着眼的观点）成为合理的东西。

但是，这并不是常规解释的实在论内容。相反，关于“观点”的所有看法就已经是认识论上的看法，而外部实在论并不是认识论上的。如果假定任何一种关于实在的“观点”都是完全不可能的，这种假定也是与实在论相一致的。的确，按照某种解释，康德关于自在之物的学说就是一种从任何“观点”都不可能理解的实在概念。我承认自从 17 世纪以来，最普通的反对实在论的论点都是认识论上的——“我们能够真正认识的一切都是我们自己的感觉予料”之类的东西，但是遭到攻击的实在论，并不是认识论上的论题。我在后面还要更多地谈到关于反对实在论的认识论上的论点。

第三个错误也是很普遍的，那就是认为实在论承诺了一种理论，认为有一种最好的描述实在的语汇，而实在本身必须规定应当如何去描述它。但是我要再说一遍，以上定义的外部实在论并不包含这种意思。世界不依赖于我们的表征而独立存在这种观点并不意味着

---

[1] 反对符合论的实在论哲学家的一个代表就是彼得·斯特劳森（Peter Strawson）。参见他的著作“Truth”，*Proceedings of the Aristotelian Society*，supplementary volume 24（1950）。

[2] H.Putnam，Realism With a Human Face（Cambridge，Mass.：Harvard University Press，1990），p.23.

有一种特别的描述实在世界的语汇。如果认为概念相对性论题（命题4）可以出于同一目的构成不同的、甚至不可通约的语汇来描述实在的不同方面，那么这种想法是同外部实在论不矛盾的。

现在总结一下这几个要点：实在论，如我对这个术语的使用那样，不是一种真理论，不是一种知识理论，也不是一种语言理论。如果有人一定要坚持一种归类，那么他可以说实在论是一种**本体论**：实在论所说的是有一个完全不依赖于我们的表征而独立存在的实在。

在哲学传统中存在一种蔓延颇广的对实在论概念的含混理解，我必须揭示并消除它。通常讨论这些问题的哲学家把这些问题看作似乎是有关世界事实上是怎样的问题。比如，他们认为，实在论和唯心论之间的问题是有关物质的存在或有关空间和时间中的对象的问题。这是一个非常大的错误。恰当地加以考虑，实在论并不是关于世界事实上是怎样的论题。我们对于世界在每一个细节上是怎样的看法可能完全错误而实在论仍然可以是正确的。**实在论是这样一种观点，即有一种事物在逻辑上不依赖于一切人类表征而存在的方式。实在论不是说事物是怎样的而只是说有一种事物存在的方式**。在上面两个句子中，“事物”并不是意指物质对象甚至也不是意指对象。这里的“事物”如同“It is raining now”（天在下雨）中的“it”，不是一种指称性表达式。

我认为这些问题不是有关物质、空间和时间中物质对象的特殊论断，如果事实上那就是这些争论者认为他们所争论的问题，那么我的这种看法似乎显得有些冒昧。但是我希望清楚地表明这些问题不是有关这样一些特殊论断的。例如，实在论不可能是断定珠穆朗玛峰存在的理论。如果结果表明珠穆朗玛峰从来没有存在过，实在论也仍然不受任何影响。而适用于对珠穆朗玛峰的看法一般也适用于物质对象。但是假如结果表明物质对象并不存在，甚至连空间和时间也不存在，那怎么办呢？那么，在某种意义上情况已经变成这样，因为我们现在把物质对象看作是“微粒”的集合，这些微粒本身不是物质对象而最好看作是质量或能量点，而绝对空间和绝对时间已经让位于坐标系中的关系的集合。这不仅与实在论并不矛盾，而且，我在后面将要论证，这全都要以实在论为必要前提。它预设事物不依赖于我们对事物的情况如何表征而存在。

但是，让我们用某种科学虚构的思想实验来继续论述实在论。假定结果表明物理实在在因果上依赖于意识以至于随着最后的有意识生物的最终死亡，所有物理实在以一种逆向大爆炸而归于毁灭。那么这种情况是不是仍然与外部实在论相容呢？答案是肯定的，因为所假定的物质对意识的依赖是像任何其他事物一样的因果依赖关系。当实在论断言实在不依赖于意识以及其他形式的表征而独立存在时，并没有作出或意指因果性要求。相反，这种论断就是，实在并不是逻辑地由各种表征所构成，它们之间并没有逻辑上的依赖关系。

“但是假定结果表明，唯一存在的或一向存在的事物就是脱离肉体的意识状态。这肯定是与实在论不相容因而可以为唯心论或至少是某种其他形式的反实在论找到成立的理由。”

不，并不一定是这样。实在论并不认为世界只能表现为一种方式而不能有别的方式，而只是认为世界的确表现为不依赖于我们对它的表征这样一种方式。表征是一回事，而被表征的实在是另一回事，这种观点是正确的，甚至如果结果表明唯一的现实的实在就是精神的状态，这种观点仍然是对的。有一种方法可以了解实在论和反实在论之间的区别，这种方法就是：按照实在论的观点，如果结果表明只有意识状态存在，那么船、鞋子和封蜡就不存在。但是认为船、鞋子和封蜡不存在的主张也像其他主张一样是一种关于外部实在的主张。它像认为这些东西存在的主张一样要以实在论为必要前提。按照反实在论的观点，这样一些事物如果存在，必然是由我们的表征所构成，它们不可能不依赖于表征而独立存在。例如，按照贝克莱（Berkeley）的说法，船、鞋子和封蜡必定是意识状态的结合。对于反实在论者来说，不可能存在着不依赖于心灵的实在；对于实在论者来说，即使没有事实上的物质对象存在，仍然会有不依赖于表征的实在存在，因为物质对象的不存在可能正是那个不依赖于表征的实在的一个特征。世界可以是不同的，并与实在论相容的，但事实上它表现为包含于空间和时间中的物质现象。

（另一种表述是：对于实在论者来说，不仅可能有不依赖于表征的现象存在，而且事实上它**的确**以不依赖于表征的那种方式存在。对于反实在论者来说，不可能存在不依赖于表征的对象。）

也许人们会觉得奇怪，最近实在论不仅在哲学上，也在其他学科中遭到攻击。各类不同的思想家如迈克尔·杜梅特（Michael Dummett）、纳尔逊·古德曼（Nelson Goodman）、托马斯·库恩（Thomas Kuhn）、保罗·费耶阿本德（Paul Feyerabend）、希拉里·普特南（Hilary Putnam）、理查德·罗蒂（Richard Rorty）、雅克·德里达（Jacques Derrida）、亨贝托·玛特兰那（Humberto Maturana）、弗朗西斯科·维瑞拉（Francesco Varela）和特里·威诺格拉德（Terry Winograd）等常常被认为（我相信并不都是正确的）是对我们关于存在着完全不依赖于我们的表征的实在这一天真的假设提出了挑战。有的科学家甚至声称现代物理学与实在论不相容。J.R. 惠勒（J.R.wheeler）写道：

宇宙并不是不依赖于我们而“在那里”存在。我们不可避

免地会卷入似乎是正在发生的事情之中。我们不是单纯的观察者，我们也是制造过去、现在和未来的参与者……[1]

在所有这些对实在论的攻击中存在着一些令人不安的东西。首先，那些反对存在着一个独立的实在这一常识观念的论据常常是模糊不清的，有时论据甚至没有被清楚地陈述出来。其次，另外一些不同的被设想为提出来反对实在论的观点通常同样是陈述得模糊不清的。甚至在分析哲学家们最近对实在论的诸多讨论中也存在着在过去二十多年间形成的普遍的观点上的松散性。到底肯定的是哪些命题，否定的是哪些命题？到底哪些是既肯定又否定的论据？你若想在对这些事情的讨论中找到答案那是徒劳的。我认为这种普遍的含糊粗疏的现象不是偶然的。如果认为“我们”创造了世界，实在本身只是一种社会的构造，可以随意改变，并按照“我们”的决定来服从未来的变化，那么这种想法以某种方式满足我们的权力意志。同样地，似乎令人感到讨厌的是，竟然存在着一个独立的无情性事实的实在——盲目的、不可理解的、中性的、不受我们的关注影响的实在。所有这些为反实在论者的“后结构主义”观点营造了普遍的智力氛围，例如解构论似乎是理智上可接受的，甚至是令人兴奋的。但是一旦你把这种反实在论的主张和论点公开地、毫无掩饰地、明明白白地陈述出来，那么它们就会显得相当地荒谬可笑，由此在这些讨论中出现许多（不是全部）含糊不清甚至故弄玄虚之处。

在此我有一个问题。我说过，我维护实在论，反对对它的攻击，但是，坦率地说，我很难找到似乎是值得回应的对实在论的强有力

[1]　引自 N.Goodman，*Of Mind and Other Matters*（Cambridge，Mass.：Harvard University Press，1984），p.36。

的攻击。玛特兰那拒斥“客观实在”的观念而赞成作为自动生成系统的神经系统构成其自身的实在。[1]这种观点看来就是，既然我们除了在由自动生成系统构造的“交感领域”中，通过对实在的社会建构以外不可能有实在的观念也不可能了解实在，那么就不存在不依赖于生物学系统而独立存在的实在。我要说，我反对这种观点，我们对实在的知识、概念、图像是由人的大脑在人的相互作用中构成的，从这个事实不能得出我们具有其知识、概念、图像的这个**实在**是由人的大脑在人的交互作用中构成的。[2]从我们对外部世界知识的集体的神经生理学的因果性解释推论出外部世界不存在，这是一个不合理的推论，是一个发生学的错误。

威诺格拉德指出，同一个句子如“冰箱里有冰”相对于一种背景兴趣可能被用来作出一个假的陈述，而相对于另一种背景兴趣则可能被用来作出一个真的陈述。[3]从这一事实中他得出结论：实在并不是不依赖于我们的表征而独立存在的。我要再说一遍，就像玛特兰那的看法一样，不可能得出这个结论。我们表征实在的兴趣相对性并不表明被表征的实在本身是相对于兴趣的。同玛特兰那一样，（威诺格拉德）力图从我们表征实在的特征得出有关实在的结论。有几个“后现代主义”的文学理论家争辩说，由于所有知识都是社会地构成的，并且受到一切任意性和任何社会建构的权力意志的支配，因而实在论要受到某种威胁。正如乔治·莱文（George Levine）所说：“反实在论，甚至文学上的反实在论，都是依赖某种意义的无媒

[1] H.R.Maturana，F.J.Varela，*Autopoiesis and Cognition*，*The Realization of the Living*（Dordrecht：D.Reidel，1980）.

[2] 还有一个关于人脑和人的交互作用本身的问题。它们是不是也应当被看作是由人的交互作用所构成的呢?

[3] Terry Winograd，“Three Responses to Situation Theory，” *Center for the Study of Language and Information*，Report No.CSLI-87-106，1987，and Terry Winograd and Fernando Flores，*Understanding Computers and Cognition*（Norewood，N.J.：Ablex，1986），chap.5.

介知识的不可能性。”[1] 就我能够陈述的来说，德里达并没有一种论证。他直接宣称，文本之外无一物（Il n’y a pas de “hors texte”）。不管怎样，在他后来对我提出的一些质疑所作的论辩性的回应中，他显然把这一点全都撤回了。他说，他用表面上蔚为壮观的宣告所表示的全部意思只是指一切都存在于这样或那样的**语境**中这个平淡无奇的说法而已！[2] 那么如果面对的是一个由无力的或者甚至是不存在的论证的外衣所掩盖着的显得荒谬的结论，那怎么办呢？

我要遵循的策略就是，抓住我认为是最有力的反对外部实在论的论点并加以回答。那么我会采用哪些论点呢？我将考察三个论点：**概念相对性**论点、**证实主义**论点以及我将称之为**自在之物**的论点。

## 从概念相对性反对实在论的论点

概念相对性论点就是上面的命题4（概念相对性）反对命题1的外部实在论的论点。

我相信概念相对性是一个古老且正确的观念。对象的任何分类系统或个体系统、任何描述世界的范畴集合，事实上任何表征系统都是约定的，并且就这个意义上来说是任意的。世界以我们划分它的方式进行划分，如果我们认为我们现在划分世界的方式是正确的方法，或者或许是不可避免的方式，那么我们总是可以设想有另外的分类系统。为了向自己说明这一点，你可以拿起一支粉笔，画一条线通过你面前的放书的部位，然后在桌上画一个圈又回到书这

[1] G.Levine，“Looking for the Real：Epistemology in Science and Culture”，in G.Levine，ed.，*Realism and Representation：Essays on the Problem of Realism in Relation to Science，Literature and Culture*，（Madison：University of Wisconsin Press，1993），p.13.

[2] J.Derrida，*Limited Inc.*（Evanston，Ⅲ.：Northwestern University Press，1988），p.136.

里把线连接起来。那么由书的封面部位加上粉笔线在桌上圈定的部分就构成一种新的对象，给这个新的对象起个名字叫“克鲁格”(klurg)。在我们的语言中并不使用这个概念。但是很容易想象在一种文化环境中克鲁格具有重大的宗教意义，在那里只有在水里活动的圣女才能把克鲁格描画出来，如果把它们毁掉的话就要受到死亡的惩罚。但是如果“克鲁格”是一个具有以前未听说过的各种真值条件的新概念，那么我们可以形成多少新的概念就没有任何限制。因为对世界的任何真的描述总是在某种语汇系统、概念系统中形成的，因而概念相对性会产生这样一个结论，即任何真的描述总是相对于某种概念系统而形成的，这些概念系统是我们为了描述世界，多少有点随意地选择而来的。

如果是这样加以表征，那么概念相对论似乎就是完全正确的，的确是老生常谈的东西。然而有一些哲学家却认为它与外部实在论相矛盾。如果我们接受概念相对论，我们就必须否定实在论。但是如果这种主张真的是正确的，那么我们就应当能够足以精确地陈述以下两个论题，使这两者的矛盾清楚地显示出来。

我们把外部实在论表示为这样的观点：

外部实在论：实在不依赖于我们对它的表征而独立存在。

相关的概念相对论的论题表示为这样的观点：

概念相对论：所有对实在的表征都是相对于或多或少任意选择的一套概念而形成的。

如果这样表述，那么这两种观点甚至连**表面上的**互相矛盾都没有。第一种观点只是说有某种东西在那儿可加以描述。而第二个观点说的是我们必须选择一套概念或语汇来描述它。那么为什么会有人认为第二种观点必然会否定第一种观点呢？回答是，如果我们接受了概念相对论，如果试图把它同实在论联系起来，我们似乎会导致两者的矛盾。

我们来看一看普特南所举的下面这个例子。[1] 想象世界的某一部分像图 7.1 表示的那样。

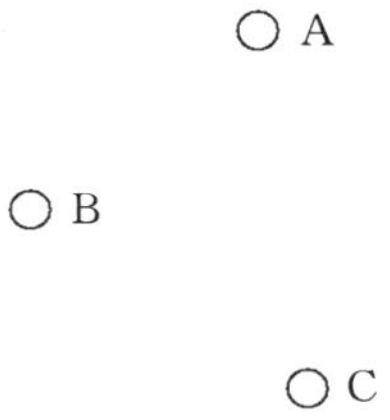

○ A

○ B

○ C

图 7.1

在这个微型世界中有几个对象呢？按照卡尔纳普（Carnap）的算法系统（而且按照常识），有三个对象。但是按照莱斯涅夫斯基（Lesniewski）和其他一些波兰逻辑学家（的算法），在这个世界中有七个对象，计数如下：

1=A

2=B

3=C

4=A+B

5=A+C

6=B+C

7=A+B+C

那么在这个想象的世界中实际上有多少对象呢？实际上是三个还是七个？这个问题并没有绝对的答案。我们所能给出的答案只是与概念系统的任意选择相关。同一个句子，如“在这个世界中恰好有三个对象”这个句子，在一种系统中会是真的而在另一种系统中则是

[1] Putnam，*Realism with a Human Face*，p.96ff. H.Putnam，*The Many Faces of Realism*（LaSalle，Ill.：Open Court，1987），p.18ff.

假的。这个论点的要害就在于外部实在论可以容许假定对独立存在的实在存在互相矛盾的描述，从而导致了矛盾。

在古德曼那里，这个论点以这样的形式出现：我们是从特征上构成实在，或者像古德曼喜欢说的那样，通过画某种界线而不是画另外的界线来“构成世界”。例如，古德曼说：

> 我们通过选定某些星体并把它们归在一起而不是选定别的星体归在一起，从而构成星座，我们通过画出某种界线而不是画出别的界线来构造星体。没有什么东西会命令天空应当如何标示星座或者其他对象，我们必须构造我们所发现的东西，不管它是大熊星座、天狼星座还是食品、煤或者立体声系统。[1]

古德曼通过把所描述的事实相对于我们所创造的“世界”从而拒斥实在论并回避了两种观点之间的矛盾。普特南则说，我们不要以为有一个不依赖于心灵而独立存在的实在，而应当说“心灵和世界共同构成了心灵和世界”[2]。

但是，这些设想出来的矛盾真的成为问题吗？关于上面所说的微型世界的例子，一个承认概念相对性的实在论者会说，如果以第一种分类系统提出的计算对象的标准，这个世界实际上有三个对象；如果按照第二种分类系统提出的标准，则实际上有七个对象。这种回答不是通过修改或者抛弃外部实在论而是通过直截了当地指出计算对象的标准是以两种不同的方式确立的，从而消除了表面上的矛盾。因此同一个句子例如“在这个世界中恰好有三个对象”可以用

[1] N.Goodman，*Of Mind and Other Matters*，p.36.

[2] Putnam，*Reason*，*Truth and History*（Cambridge：Cambridge University Press，1981），p.xi. 在后来的著作中他又重复了这句话，参见 *The many faces of Realism*，p.1。

来构成两个完全不同的、互相独立的陈述，其中一个是真的，另一个是假的。但是实在世界不管我们怎样描述它，不管我们对它作出了多少种不同的描述，它仍然是同一个世界。

有些文献中给出的关于概念相对论的例子比我们所提出的要晦涩和复杂得多，但是他们所使用的原则是相同的，我看不出从复杂性中会获得什么结果。这些例子都是用来表明不同的概念系统会对同一个“实在”产生不同的、表面上显得矛盾的描述。就我所能够看到的，在这些例子中，任何一个都不存在与外部实在论相矛盾的地方。矛盾的表现是一种假象，依照这些观点的自然解释，即使接受了最朴素形式的实在论以及任何形式的概念相对论，也不存在任何矛盾。[1]

让我们这样来看待实在论和概念相对论的关系：假定在世界的一个角落，比如喜马拉雅山，设想它在没有任何人类之前就已经存在。想象人类出现了并且以各种不同的方式来表征这些事实。他们有不同的语汇系统、不同的绘制地图的系统、不同的计算一座山、两座山以及同一座山的方法等等。接着，再想象人类最终都不再存在了。那么，对于喜马拉雅山以及关于喜马拉雅山的所有事实的存在在这种变迁过程中会发生什么情况呢？绝对没有。对事实、对象

[1]　什么地方出了错？在普特南的例子中，仔细阅读他的文本就会发现，他至少是把两个逻辑上互相独立的论题集中在一起加上一个“形而上学实在论”的名称。

第一，实在不依赖于我们对它的表征而独立存在。

第二，有一个而且只有一个正确描述实在的概念系统。

第一个论题就是我一直称为外部实在论的观点。我们可以把第二个论题称为“特优概念系统”理论（PCS）。普特南正确地看到概念相对论排斥特优概念系统理论。因为你总是可以通过否定一个合取项而否定该合取式，如果形而上学实在论是外部实在论与特优概念系统理论的合取，那么形而上学实在论就被否定。但是通过否定一个合取项你并没有否定两个合取项，所以特优概念系统理论的错误使外部实在论不受影响。普特南的著作给人一个印象，他认为否定了特优概念系统理论便否定了外部实在论。也许他并不认为这种“否定”会影响外部实在论，在这种情况下，支持外部实在论的明确断定会对读者有所帮助。但是，他没有作出这种断定；相反，他支持一种他称之为“内在实在论”的观点。我不认为在我所定义的外部实在论和普特南也反对的彻底的反实在论之间会存在使两者首尾融贯的“内在实在论”。

等的不同描述是捉摸不定的，但这些事实、对象仍然未受任何影响。(难道真的会有人对此表示怀疑吗?)

两个互不相容的概念系统可以对同一个实在作出不同的描述，以及在所有概念系统之外不存在对实在的描述，这样的事实对于实在论的真理性没有任何影响。

但是，关于古德曼提出的相对于不同的概念系统作出不相容的描述的可能性又怎么样呢？除了仔细地考察各种实例以外，没有别的替代办法，所以让我们来考察一个关于外部实在论如何对待不相容的语汇系统的实例。假定我是一个完全素朴的外部实在论者，当我关注重量，即地球表面对物质的吸引力时，不管别人怎么看，我以为我实际上重 160 磅。但是且慢！我的体重是 160 磅但只有 73 千克。那么我实际上到底有多重呢？是 160（磅）还是 73（千克）呢？我想，显然这两种回答都是正确的，然而每一种回答都是不完全的。互相矛盾的表现只是一种表面现象，因为认为我重 160 磅的看法同认为我重 73 千克的看法是相容的。外部实在论可以容许对同一实在相对于不同的概念系统作出无数不同的真的描述。“我在哲学上的主要目标是什么？教会你把不明显的被掩饰的胡说转变成明显的胡说。”[1] 认为概念相对论意指反实在论，就是不明显的被掩饰的胡说；而认为我不可能同时既是 160（磅）又是 73（千克），那就是明显的胡说。

此外，如果概念相对性可以用来作为反对实在论的一个论据，看来它还要以实在论为必要前提，因为它预设了一种不依赖于语言的，可以以不同的方式、不同的语汇系统来刻画或划分的实在。想一想不同算法的例子，普特南指出，描述这个微型世界的一种方式

---

[1] Ludwig Wittgenstein，*Philosophical Investigations*，(Oxford：Basil Blackwell，1953)，part Ⅰ，para.464（Searle 的译本）。

是认为有三个对象，另一种方式是认为有七个对象。但是要注意，正是这个论断要预设被描述的是某种先于描述的应用而存在的东西，否则，我们甚至没有办法能够理解这个例子。当古德曼说“我们通过划某些界线而不划别的界线来构造星体”时，除非预先设定存在着某种东西使我们能够在它上面划界，否则我们便没有办法理解他的这种看法。除非已经有了一个地方使我们能够在上面划界，否则就没有任何划界的可能性。

如果我们试图把这些论据算作反对实在论的论据，我们就犯了一个极大的使用—提及错误（use-mention fallacy）：从只有相对于一套语言范畴才能作出的**描述**这个事实不能得出被描述的**事实**、**对象**、**事态**等只有相对于一套语言范畴才能**存在**这一结论。概念相对论，如果恰当地理解，就是说明我们如何确定术语的运用：什么算作对“猫”或“千克”或“峡谷”（或“克鲁格”）这个词的正确使用要由我们来决定，就这个意义上说，是任意使用的。但是，**一旦我们在我们的语汇系统中以任意的定义固定了这样一些词的意义，那么不依赖于表征的世界特征是不是满足这些定义就不再是任何一种相对性或任意性的问题了，因为满足或不满足这些定义的世界特征是不依赖于这些或任何其他定义而独立存在的**。我们可以以如此这般的方式来任意地定义“猫”这个词，只有相对于如此这般的定义我们才能说，“那是一只猫”。但是我们一旦作出这种定义，一旦我们相对于这种定义的系统来使用这个概念，某种东西是不是满足我们的定义就不再是任意的和相对的了。我们以某种方式来使用“猫”这个词，这是由我们来决定的；有一个不依赖于这种使用而独立存在又满足这种用法的对象，这是一个平常的（绝对的、不依赖于心灵的）事实问题。与古德曼相反，我们并没有创造“世界”；我们创造的是现实世界可能适合也可能不适合的**描述**。但所有这些都意味着有一个不依赖于我们的概念系统而独立存在的实在。没有这样一个实在，就没有概念可以适用的东西。

要使我们得到一种与外部实在论不相容的概念相对性观点，我们就必须有一种看法使同一个陈述（不是同一个句子，而是同一个陈述）在一种概念系统中对这个世界为真而在另一个概念系统中则对这个世界为假。我没有看到过这样远非合理的例子。标准的例子都是像这样的：假定我们对某个领域的实在有不同的表征模式，例如亚里士多德的物理学与牛顿的物理学，或麦卡脱的地球表面的投影地图与地球表面标准的球面表现图。按照麦卡脱投影地图，格陵兰岛占有的面积大于巴西；但是按照球面表现图，格陵兰岛占有的面积比巴西小。这样，是不是我们在这里有两种符合于同一个实在的模型，而事实上它们又是彼此不相容的呢？回答是否定的。麦卡脱投影地图对于巴西和格陵兰岛的相对大小只是一种不精确的表示。某些模型，例如亚里士多德的物理学和麦卡脱投影地图，对世界的某些特征的表述是错误的或歪曲的，这是一个众所周知的事实。

对于世界的一切真的陈述都能够相当一致地得到肯定。事实上，如果它们不能一致地都得到肯定，那么它们就不可能都是真的。当然，我们常常会碰到模糊性、不确定性、家族相似性、文本开放性、语境依赖性、理论的不可通约性、含糊性、理论构造中的理想化、多种可选择性解释、证据不足以决定理论等等问题。但是，这些问题都是我们的表征系统的种种特征，而不是不依赖于表征的实在的特征，在这些系统中有的可以或多或少恰当地用来表示这个实在。同一个句子常常可以在一种概念系统中用来断定一个真的陈述，而在另一种概念系统中断定一个假的陈述。然而，正如我们一再强调的，这并不表明真正的不相容。

## 证实主义者的论点

20 世纪的哲学总是执著于语言和意义，这也许就是某些人之所以提出除了语言和意义以外什么也不存在的看法的原因。在早先的几个世纪，哲学执著于经验和知识，相应地，哲学家们提出了不存在不依赖于经验和知识而存在的实在的观念。在西方哲学史上，17 世纪以来最普遍的反对实在论的论点总是从认识论的研究中产生的。

我相信在证实主义者（verificationist）反对实在论的论点背后，基本动因首先就是通过消除使怀疑论得以可能的现象与实在之间的鸿沟，从而消除怀疑论的可能性。如果实在就是除了我们的经验以外别无其他，如果我们的经验以某种方式构成了实在，那么认为我们决不能在我们的经验之外达到实在的那类怀疑论就符合这种看法。

这是哲学中一以贯之的主张。康德的先验唯心论就是比我们在贝克莱那里看到的这种主张更为精致的变种。20 世纪后期同样的主张在分析“公众”语词各种意义的努力中甚至在行为主义的各种努力中还保存着，因而，不存在任何私人的剩余，使人可能怀疑他是不是真正理解了其他人使用一个表达式所指的意义。

即使我对这种特征的诊断是正确的，它也并不能回答实际的论点，所以我在下面将提出我认为最有力的证实主义者反对实在论的论点。这种论点如下所述：

问问自己，你实际上知道什么，我的意思是**实际上**知道的。好吧，你也许会说你实际上知道你坐在一把椅子上，有一张桌子在你面前，你在注视着电脑屏幕。但是，如果你想一想，你

> 就会发现，你实际上知道的就是你在产生某种经验，所以当你作出关于一把椅子或一张桌子或电脑屏幕的论断时，要么你是在谈论你的经验，要么你就是在谈论你实际上并不知道的东西。此外，如果你想要谈论你的经验以外的东西，那么就可能是在谈论你不可能知道的东西。如果你问自己是怎样知道这个世界的，回答一定是：从你的经验中知道的。但是这样一来你就得面对一种两难的局面，要么你声称知道的论断传达了你的经验内容，要么你超出了这些经验内容。如果是前者，那么你所知道的除了你的这些经验内容以外就没有任何别的东西。如果是后者，那么你就是在作出不可能证实的论断，因为一切证实都是建立在经验之上的，而你是从假设中作出超出你所经验到的东西的论断。
>
> 例如，我断言现在在我面前有一张桌子，这个断言意指什么呢？好吧，我所直接知道的一切就是这些触觉和视觉的经验，而我——或任何其他人——能够直接知道的是多于这些经验的。那么我原来的论断成了什么呢？要么这个论断就是断定存在着实际的和可能的经验（即20世纪的哲学行话中所说的“感觉材料”，17世纪和18世纪的哲学行话中的“观念”和“印象”），要么就是，如果断定某种更多的东西，那么它就必定是断定了某种完全不可知的东西或不可能进行任何考察的东西。这样一种断定在经验上是空虚的。结论很明显：经验构成了实在。

这一论点出现在许多哲学家的著作里，这个结论以不同的用语表述出来：对象是观念的集合（贝克莱）。对象是感觉的恒久可能性（穆勒）。经验陈述可以毫无遗留地翻译成关于感觉材料的陈述（20世纪的现象主义），贝克莱把这种论点简洁地归结为“如果物质存在，我们决不可能知道它；如果物质不存在，一切事物依然如故”。

在我看来，这个论点有两个组成要素。第一，我们所能感知的一切都是我们自己的经验。因此，如果认为在我们的经验之外有一个实在存在，那么它就是不可知的而且最终是不可理解的。第二个组成要素是第一个的延伸。它认为，我们关于实在世界的论断所具有的唯一基础就是我们的经验。因此，如果关于实在世界的论断超出了我们的经验内容，那么按照假设来说，我们就预设了不可能有认识基础的东西。

我相信，这两个要素都是错误的。让我依次来考察一下每一要素。的确，当一个人有意识地感知某个东西时，他就有某种经验。例如，每一个视觉知觉都有相应的视觉经验。用一种正式的说法，陈述“我看到这张桌子”就意味着“我具有某种视觉经验”。但从视觉经验是视觉知觉的重要成分这个事实不能得出视觉经验就是所感知的东西。简言之，不能得出：一个人使用他的感觉器官进行感知时，他没有直接接近实在世界。例如，我现在看着我面前的一张桌子。在这种情况下，我只是感知这张桌子。在感知它时，我有一种感知经验，但是这种感知经验既不是感知的对象，也不是我能够据以得出那儿有一张桌子这个结论的证据。我并不是依据这个“证据”从而“推断”出在这里有一张桌子的结论的。毋宁说，我只是看到它。所以，这个论点的第一点即认为我在知觉经验中所接触到的一切只是感知内容本身，这是错误的。[1]

我相信，第二点也是错误的。为了便于进行论证，假定我们现在承认关于在我面前有一张桌子的论断的认识基础是我现在的感觉

[1]　原谅我的这个讨论写得太短，我在《意向性》（*Intentionality*）一书的第二章对与此相同的问题作了更为详尽的讨论。反驳感觉材料理论最好的论证，参见 J.L.Austin，*Sense and Sensibilia*（New York：Oxford University Press，1962）。

经验的存在，也承认关于在那儿有一张桌子的论断——如果以常识的、朴素实在论的方式来理解——所陈述的不仅仅是对我的经验的陈述的总和。由此得出什么结论呢？能不能得出，在那儿有一张桌子的论断陈述了某种不可知的东西，某种超出任何可能的证据或别的认识基础的东西呢？其实是得不出这种结论的。从我的知识的认识基础是我当下的经验这个事实，不能得出我能够知道的一切都是我的经验这种结论。相反，我们叙述这个例子的方式恰恰表明了我们的经验使我们接近某种本身不是经验的东西。

一般的经验性论断都超出据以作出这些论断的认识基础，这是众所周知的哲学观点。如果这些论断只是这些可用的感觉迹象的总括，那么它们对于作出科学假设就没有多大意义。

然而，在这一点上，维护反实在论立场的人就想作以下的辩护：

> 你在对反实在论论点给出这些回答时，你已经暗中预设了你实际上在感知实在世界中不依赖于心灵的对象，但这恰恰是你无权设定的东西。这个论点的全部要旨就是你可能恰好具有这些经验而在那儿并没有任何桌子。但是如果真是这样，那么我们是否认为这种经验为你的“结论”(那儿有一张桌子)提供了“证据”就无关紧要了。关键是，你相信在那儿有一张桌子的唯一根据就是存在着这些感觉材料，如果这张桌子被认为是在这些感觉材料之外或之上的东西，那么它们就不足以证明你所相信的东西，因为你可能恰好有这些经验而又完全是错误的。假设一个外部的实在本质上就是假设某种不可知的和根本不可理解的东西。

如何来应对这些说法呢？在此处的讨论中我不打算回答一般的

怀疑论。那是超出本书范围的一系列问题。为了说明这个论点，假定我们只是承认，我可能恰好有这些经验内容，但可能完全是幻觉，我们陷入对传统认识论的恐惧之中：我可能是一个缸中之脑（brain in a vat）、我可能受到恶魔的欺骗、我可能在做梦，等等。但由此并不能推断出，在我面前有一张桌子这个论断只是促使我作出这个论断的这些经验的总计。也就是说，即使怀疑论是正确的，即使我是完完全全错误的，**被我弄错了的东西乃是实在世界的特征**。对这些特征产生系统性错误的可能性并不表明我对这些特征的论断只是对我的感觉经验的种种陈述的总计。

这些问题都是论战领域自古以来就有的，许多景物已被认识论上的战争所损毁，但是我相信，哲学领域的逻辑地图仍是简单的、容易辨别的：证实主义者的反实在论的论点有如下几点：

1. 在知觉中我们所领受的一切都是我们自己的经验内容。

2. 我们关于外部世界的论断所能有的唯一的认识基础就是我们的知觉经验。

因此

3. 我们能够有意义地谈论的唯一实在就是知觉经验的实在。

我已经论证了上面的陈述 1 是错误的。我们通常都感知世界上的对象和事态，而且，我也论证了，陈述 2 虽然是真的，但并不蕴涵陈述 3。如果认为只有把经验论断理解为对它们的证据或认识论基础的总计才是有意义的，那么这种看法是完全错误的。最后，我还认为，根本性错误的可能性——即怀疑论提出的可能性——是与实在世界的存在无关的。即使按照传统的怀疑论，我们发生了系统性的错误，也不可能推断出陈述 3 的结论。相反，如果怀疑论是正确的，那么我们发生的错误正是错误地看待了实在世界。

我承认还存在其他形式的证实主义者反实在论的论点，但是我相信，这里所说的这种证实主义论点在经验主义传统中（从 17 世纪直到逻辑实证主义）一直是最流行的。我也发现，在整个这种传统中，特别是在回应笛卡尔主义的怀疑论的努力中，一般来说，认识论是整个哲学事业的中心问题。我认为这些论点是错误的。在哲学事业中，认识论具有重要的，但当然不是中心的地位。我所讨论的这种认识论方面的考察之所以绝不可能提供一个反实在论的合理论证，更深刻的原因就是即使把这些考察结果陈述出来也必须预设实在论为前提。在下一章我还要回到这一观点上来。

## 自在之物论点

还有另外一个反对外部实在论的论点值得一提。这个论点涉及物本身，是关于自在之物（Ding an sich）的论点。

在当代哲学中很难找到关于这个论点的明确形式，但它总是出现在口述的传统中。最好把这个论点看作概念相对性论点同证实主义论点的结合。以下就是这个论点的内容：

> 当我们在知觉、思想和探究中与世界打交道时，我们总是要在某种概念系统之内着手活动。甚至我们的所谓“经验”也绝不是直接的“实在”，而是渗透着我们的概念，并且最终只能与其他经验相关。并不存在上帝的视角，使我们得以观察我们的表征与这些表征所表示的实在之间的关系，从而判断它们是不是真正适合于实在。我们不可能旁观这些关系；相反，我们总是处于我们的表征之内——处于我们的信念、经验、话语等等之内。由于我们不可能越出我们的这套表征直接地审察实在，

由于并不存在未经表征的观点使我们得以观察表象与实在之间的关系，由于甚至连对照自在之物来衡量这些表征从而了解表征是否恰当的可能性也不存在，因此，谈论超验的实在一定是毫无意义的。我们真正能够掌握并领会的实在就是内在于我们的表征系统的实在。在这个系统之内，有一种可能的实在论，即内部实在论。但是在这个系统之外的实在的观念就像康德的自在之物观念那样是空洞的观念，不仅超出我们知识的界线而且也超出了我们的语言和思想的界线。外部实在论向我们提供的是某种不可想象的东西，某种不可描述、不可领会、不可知、不可说的东西，最终是毫无意义的东西。对于这样的实在论来说，真正的问题不是说它是错误的，而是它终究是不可理解的。

我们是怎样构成这个论点的呢？我要再说一遍，如果我们想要把它作为具有一套前提和结论的清楚明确的论点陈述出来，那就很难看出这个结论是怎样推断出来的。

**前提：任何一种认知状态都是在一个认知系统之内作为一套认知状态的一部分出现的。**

从这个前提应当推断出：

**结论 1：不可能在所有认知状态和认知系统之外去观察它们和通过它们来认知的实在之间的关系。**

而从这个结论依次应当推出：

**结论 2：决不可能认知一种不依赖于认知而存在的实在。**

在我看来，如果恰当地理解，结论 1 的确是从这个前提推出的。一切表征都发生于一套表征之内，并在某种表征系统之内。因而，对这套表征状态、表征系统以及被表征的实在两者之间关系的任何表征也都发生在某种表征系统之内。但由此会怎样呢？从一切认知都发生于一个认知系统之内这个事实不可能简单地推断出，任何认知都不可能是直接认知一个不依赖于一切认知而独立存在的实在。的确不能就这样推出结论 2。事实上，认为可以推出结论 2 的看法显然是同历来的唯心论一样，犯了同样形式的错误。

## 对问题的诊断

为什么甚至在一些专业上颇具权威的哲学家中，竟然把攻击实在论作为一种时髦而且提出如此脆弱的反对实在论的论点，现在我想对这个问题提出局部诊断。

在西方哲学中一个最古老的观点就是认为真理和实在应当以某种方式相重合。如果真的存在我们通常认为的真理和实在这样的事情，那么真理必须以某种方式提供确切反映实在的镜子，实在本身必须提供真陈述的确切结构。对这种立场的一个经典性陈述就在维特根斯坦的《逻辑哲学论》中[1]，但是我相信早在柏拉图那里就有这一观念了。当许多哲学家对实在的结构和真表征的结构达到确切的同态性感到失望时，人们很容易产生一种想法，即认为对我们关于真理和实在的朴素的观念已经失去信任。但事实并非如此，不被信任的是某种对真理和实在之间关系的误解。

真理和实在之所以不可能像许多哲学家归咎于朴素的外部实在论者的那样一种重合，有一个简单而又深刻的原因。这个原因就是，一切表征，尤其是真实的表征总是呈现某些相态而不是别的相态。一切表征的相态特征来自这样一个事实，即这种表征总是从某种概

[1] Ludwig Wittgenstein，*Tractatus Logico-Philosophicus*（London：Routledge and kegan Paul，1922）.

念系统之内并从一定的观点作出的。例如，如果我把我面前的这种物质描述为水，同样的这种实在也可以表示为如我们描述的 $H_2O$。但是，这种同样的物质如果我把它表示为水，当然，与我把它表示为 $H_2O$ 显示出不同的相态。严格地说，任何事物都可以从无数不同的视角、不同的相态、不同的概念系统来加以表示。如果这种看法是正确的，而且的确如此，那么就不可能达到那么多传统哲学家所渴求的真理与实在之间的一致性。每一种表征都有一种相态形式。它是从某种相态而不是其他相态来表示它的目标。简言之，我们只能从一种观点来表征实在，但是本体论上的客观实在并没有任何观点。

# 第八章　实在世界存在吗？（2）
# ——可能存在对外部实在论的证明吗？

## 实在论作为可理解性的背景条件

我曾说过，某些反实在论的代表性论点是无效的。是不是能给出支持这种说法的论据呢？要求给出论证来表明世界不依赖于我们对它的表征而独立存在，这一点令人困惑。我知道，康德认为，不存在这种证明是一种耻辱，而摩尔认为他只消举起双手就可以给出这种证明。但是，人们感到，按照康德提出要求的方式，没有什么能够满足这种要求，而摩尔满足这种要求的尝试显得有点“不得要领”。然而同时，人们感到应当满足康德提出的要求，而且在某种范围内，摩尔也确实是对的。他当然有两只手，而如果他果真有两只手，那么外部世界就存在着，对吗？依据什么呢？我们既需要解释我们证明外部实在论的强烈愿望，又要对避开中心论点进行讨论的论据作出解释。

对外部实在论证明的要求有点像我们在 20 世纪 60 年代常常听

到的对合理性证明的要求——“你的合理性的证据是什么？”——因为所提出的驳斥要以用某种方式预设被驳斥的东西为前提。任何提供一个“论证”或“证明”的要求都已经预设了合理性的标准为必要前提，因为这些标准的适用性就构成了作为一种论证或证明的东西。总而言之，你不可能通过论证来证明合理性，因为论证已经预设了合理性为必要前提。存在有许多这样的一般构架，从这种构架内来证明这种构架的合理性的要求总是无意义的，但似乎还是有道理的。尽管我们可以在这种合理性和有效性标准内去证明一个特殊的论断是有效的或合理的，但我们不可能在这个标准内证明合理性是合理的或有效性是有效的。同样，我们可以证明给定的一组词是合乎语法或不合乎语法的英语句子，但是不可能证明作为语言的英语是合乎语法或不合乎语法的，因为英语确定了在英语中合乎语法的标准。企图通过某种“论证”来证明外部实在论的努力也和证明合理性和合语法性的这些努力相类似。这就犹如有人想要证明表征所作的表示一样。我们可以证明这个或那个论断符合或不符合“外部世界中”事物实际的情况，但我们不可能以这种方式证明存在一个外部世界这一论断符合外部世界中事物的情况，因为任何符合或不符合外部世界的问题都已预设了外部世界的存在，而这个外部世界正是这个论断所要符合或不符合的。因此，外部实在论不是一个论题也不是一个假设，而是具有某种论题或假设的条件。

如果你注意到标准的支持外部实在论的现代论证，你可能看出这整个争论有某种不对头的东西。对实在论的一个标准论证（或许算是标准论证），就是认为科学中的汇聚提供了一种对实在论的经验性证明。这种汇聚观念就是，由于不同的科研人员在不同时间、地点工作，却产生相同的或类似的结果，因此对这种情况最好的解释就是有一个独立存在的实在造成这些研究结果汇聚于相同的假设或理论。这种论证的困难就在于，在我们对存在这种汇聚或不汇聚的现象的可能性的理解中，我们已经预设了实在论为必要前提。甚至为了使我们能够提出科学研究是不是以这种提示的方式而汇聚这样的问题，我们也必须预设一个独立于研究者的研究而存在的实在。这些研究或者汇聚或者不汇聚，也就是说，对汇聚问题的全部讨论都以预设实在论为前提，因为它预设了“科学是汇聚的”这个陈述，不论真假与否，都涉及独立于这个或任何其他陈述的实在。换种方式来说：在科学不发生汇聚的领域，例如社会心理学领域，我们对这种不汇聚领域的认知为实在论提供了同汇聚领域一样多的**证据**。也就是说，在承认某些东西或者汇聚或者不汇聚时，我们已经把实在论作为理所当然的前提了，因此根本没有提供任何**证据**。

我承认这种汇聚论证常常是针对科学理论所假设的不可观察的实体的存在而提出来的，而不是作为外部实在论的一般论据。但是，这样一来便面临一种两难的境地：一方面，如果这种汇聚论证是证明这种或那种不可观察的实体类型（如电子）存在的论据，那么这种汇聚观念对通常的证据观念、证实观念和真理观念并没有增加任何东西。如果设定电子存在的原子理论在我的实验室和你的实验室都得到了证实，那么，这就是进一步表明这一理论为真的证据。如果这一理论意味着电子的存在，那么我们就有电子存在的很好证据。汇聚的概念并没有给这种情况增加任何东西。我们对于不同类型的不可观察的实体可能还有大量这样的事例，这一事实除了表明一系列证实或否证的实例以外仍然没有给我们提供任何东西；但是，另一方面，如果汇聚论证是真正的社会学科学研究的元理论，这种理论针对的是这样一种结果，即作为第二级的经验事实问题，在不同时间和地点进行研究的科学家会产生汇聚性结果，各个实验室结果一致，并且这种汇聚性结果是实在论的有力证据，那么这种论证就要遭到我早先作出的反驳：为了能够使我们思考这种汇聚问题，我们不得不预设实在论为必要前提。

为了进一步阐明这一观点，我要问，摩尔的“证明”问题出在什么地方呢？摩尔认为，证明了两个或更多事物的存在，例如一双手的存在，几张纸、鞋子、袜子等等东西的存在，他就证明了“在我们之外的事物”的存在，而依据事实（ipso facto），就证明了“外部世界”的存在，如他所说，“因为由此立刻可以推断，在空间中可以遇到某些事物”[1]。按照这种观点，他的前提和结论之间的关系就是一种直接导出关系：我有两只手这个命题直接导出外部世界存在这一命题为真。正如至少有一只手存在是上面这个问题的真值条件一样，外部世界的存在是我有两只手这个命题的真值条件。如果我有两只手，那么由此可以直接得出，“在空间中可以遇到某些事物”。他通过实物演示来确立这个“前提”。他直接做出某种姿势从而“证明”他的双手的存在。但是这里就存在某种漏洞。例如，贝克莱也会同意摩尔有两只手，但是他会驳斥这种所谓的导出结论。由此看来，摩尔似乎是以需要证明的东西作为前提的。难道这种导出的结论不恰好就是争论之点吗？

---

[1] 以下这段话是关键的：

这就是说，如果我能证明现在存在着一张纸和人的一只手，那么我就证明了现在“在我们之外”的事物存在着；如果我能够证明现在有一只鞋和一只袜子存在，我就证明了现在“在我们之外”的事物存在着，等等。同样，如果我能证明现在有两张纸、两只手、两只鞋或两只袜子，那么我就证明了“在我们之外”的事物存在着。因此，显然存在着成千上万的不同事物，以至于在任何时候，如果我能证明这些事物中的任何一个，我就要证明在我们之外事物的存在。难道我不能证明这些事物中的任何一个的存在吗？

康德宣称，对于在我们之外的事物的存在只有一种可能的证明，那就是他给出的证明。在我看来这种看法并不是正确的，我现在可以提供大量不同的证明，其中每一个都是完全严格的证明，而且在许多其他的时间，我也能够给出许多其他证明。比如说，我现在可以证明，人的两只手存在着。怎么证明？伸出我的一双手，并且在我用右手做某种姿势时，说“这是一只手”，然后在我用左手做某种姿势时说“这是另一只手”。如果我通过这种做法，依据事实（ipso facto）证明了外部事物的存在，你们都会看到，我也可以用许多其他方式来进行这种证明，这里无须增加更多的例子。

引自 G.E.Moore，Philosophical Papers，“Proof of an External World”（London：George Allen & Unwin，1959），pp.145—146。

我认为，摩尔的证明至少会引发两个麻烦：第一个就是外部实在论像其他事物一样是一种真值条件这个假设；第二个就是实在论是关于“空间”中的外部“对象”的理论这一相关假设。与这两个观点相反，我要作出的论断是：第一，真值条件和可理解性条件这两者虽然没有截然的分界线，但是我们还是需要在这两者之间作出一般的区分。话语的可理解性条件和实际上一般的意向性功能条件不同于示范性真值条件。在对话语的通常理解中，我们把这些条件当作不言而喻的东西，否则我们就不可能完全理解我们的所作所为，或者具备带有满足条件的意向状态。我在早先的一些论著中把这些条件划分为两种：其中有一些条件是信念系统和其他意向状态；另一些条件是能力、倾向等背景。在这里要作出的论断就是，外部实在论是作为背景的理所当然的一部分起作用的。除非我们理所当然地看待外部实在论，否则我们便不可能像我们通常所做的那样理解各种话语。此外，我们必须把外部实在论视为理所当然，只有这样才能进行我们一贯的言谈和思想。因而外部实在论的预设对大量的思想和语言来说是**必要的**预设。我们不能像几个世纪以前摒弃地球是平的这一预设那样摒弃外部实在论预设。

我对摩尔的观点作出的第二个回应就是，我们一旦了解这样解释的外部实在论不是经验性论题，而是某种论题所具有的可理解性条件，那么我们就可以了解，外部实在论与“对象”在“空间”中的存在的理论并没有特别的联系。我在本书第七章的开头说过，即使结果表明我们的“对象”和“空间”的概念必须加以根本性的修正，如这种概念事实上被原子理论和相对论修正那样，即便如此，外部实在论依然不受影响。严格地说，外部实在论是关于事物存在的方式独立于对事物如何存在的一切表征的论题。

有一个不依赖于我们的表征而独立存在的实在这个论题不等于

事物事实上如何存在，而是等同于一种**可能性空间**。用维特根斯坦举例的方式，我们可以这样来看待外部实在论。假定我说："在我的钱包里根本没有钱。"那么，这种说法在逻辑上并不蕴涵钱的存在。你不可能从

～（∃x）（钱 x 并且在我的钱包里 x）

**（并非有一个 x（x 是钱并且 x 在我的钱包里））**

推出

（∃x）（钱 x）

**（有一个 x，x 是钱）**

但是，原来的说法仍然只是构成它所具有的这种意义，我们只能以我们实际所说的方式来理解它，否定钱存在的假设。在否定有钱的可能性空间方面它有它的意义。在这个意义上，外部实在论表明了大量陈述的可能性空间。

## 对外部实在论的"先验"论证

如果我们提出的这些看法——外部实在论是一种背景预设，不是经验性理论，它是不带任何具体内容（例如关于空间中的对象的内容）的纯粹形式——是正确的，那么对于外部实在论我们可能给出的唯一论证就是"先验的"（以康德使用这个词的众多意义中的一种）论证：我们假定某种条件成立，然后力图表明这种条件的预设前提。

然而为了做到这一点，我们必须确切地指出我们所反对的观点是什么。反实在论不是一种单独的学说，而是呈现不同的形式。就我们这里讨论的来说，有两种最重要的反实在论形式：第一，认为一切实在存在于意识状态；第二，认为实在是社会地建构起来的，

我们认为的“实在世界”只是由各种人群构造出来的一大堆事物。用标签来表示的话，我们把第一种观点称为“现象论的唯心论”，把第二种观点称为“社会建构论”。

有一种简单的反对现象论的唯心论的先验论证。我说过，先验论证就是设定某种条件成立，然后力图表明这种条件的预设前提。然而，在这种情况下，“条件”必须适用于我们的实践，“预设前提”就是从我们自己的第一人称观点看，我们在从事这些实践活动时必须预设的前提。这种条件就是，我们事实上试图通过在公共语言中形成的某种话语来相互交流，而预设前提就是外部实在论。让我们把这种看法更确切地解释一下：我们所作的这种假设就是，有一种理解话语的正常方式，在以公共语言实行语言行为时，说话人通常总是力图达到正常的理解。我们力图表明的要点就是，对于（需要进一步具体化）一大类话语而言，正常理解这些话语的可能性条件就是有一种不依赖于人的表征而存在的事物存在方式。结论就是，**当我们试图进行交流从而达到对这些话语的正常理解时，我们必须预设外部实在论为必要前提。**

请注意，我们并不是企图证明外部实在论的真理性。我不相信会有对外部实在论的没有循环论证的证明。但是我们可以表明，当我们进行某种谈话时，我们都要预设外部实在论为必要前提。

为了展开这个论点，我需要对“正常理解”这一概念加以解释。对于大多数语言行为来说，都有一种常识性的或正常的理解。这常常是以去引号的方式给出的。例如，对“我有两只手”这种话语的正常理解就是断定说话人有两只手。但是，在去引号的地方总是必须给出进一步描述正常理解的方法。因此对“我有两只手”的正常理解必须对“手是什么”有一种可能的描述。

如果你不采取这种描述正常理解的路径，那么你很快会达到那些不是真值条件的条件，至少不是通常所解释的真值条件。要了解这一点，那就问问你自己，当我们理解摩尔的论断“我有两只手”时，我们会自动地把什么东西当作理所当然的东西呢。如我们在本书第六章所看到的，有许多背景特征并不是在句子的语义内容中明确地表示出来的，而是我们自动地把它们当作不言而喻的东西。例如，摩尔的手与他的身体的其余部分有一定的关系，我们把它看作是不言而喻的。如果我们以类似于下面的意思来理解这个句子，那么我们就会把这个句子理解得与通常情况完全不同：“我有两条钻石项链，我把它们存放在瑞士银行的保险柜里，而且我有两只手，我把它们存在同一银行的保险柜里。”

这个句子哪里表明或者意指摩尔的两只手不是保存在银行的保险柜里而是长在他的身体上呢？这就是我们当作不言而喻的种种事物之一。即使是理解像摩尔所说的“我有两只手”这样简单的话语，我们必须构成这种背景和预设系统，这种背景和预设系统的数量是没有限制的。比如说，假定我们当作不言而喻的情况是，如果摩尔有两只手，这两只手确实是长在他的身体上的，但是是从他的左耳里长出来的。或者也许这两只手是长在他的胳膊上的，但是他的身体缩小到只有一粒沙子那么大，而他的两只手每一只都长得奇大无比。还可以假设我们以为如果人都有两只手，这两只手就像闪光灯那样时隐时现地存在。如果在背景中有这样一些奇异的改变，那么我们就会把这个句子理解得与通常的理解完全不同。关键在于，在我们的正常理解中，我们把许多东西当作不言而喻的，但是许多决定我们正常理解的条件不能被看作是没有受到相当歪曲的话语的真值条件。这些条件有助于我们**确定**我们的话语的真值条件，但它们本身并不是那些真值条件的组成部分。

我现在要加以强调的是，外部实在论是决定很大一类话语正常理解的背景前提。但它与许多其他背景前提的不同之处是，它既是普遍的又是必要的。就它适用于非常广大的一类话语这个意义上，它是普遍的；我们如果没有它就不可能保持正常的理解，在这个意义上说，它是必要的。要了解它是普遍的，就要注意它适用于各种非常不同的话语的广大范围。例如：

珠穆朗玛峰峰顶附近有雪和冰。

我的狗身上有跳蚤。

每个氢原子都包含一个电子。

为了表明外部实在论是**必要的**，我们就需要提醒自己，所说的这些作为**公共**语言的句子，被设定为是任何够格的说话人和听话人都可以以同样方式理解的。正常理解要求说的人和听的人理解的相同性，而在这些实例中理解的相同性则要求具有相关表达的话语旨在指称一个公共可理解的实在，一个本体论上客观的实在。但是在这些实例中，这种现象的公共可理解的条件就是事物存在的方式不依赖于你的或我的表征。你和我都可以以相同的方式理解上述话语——有关珠穆朗玛峰、我的狗和氢原子的话语，因为我们理所当然地认为这些话语都是有关公共可理解的实在的。即使由于我们所说到的实物并不存在而使特殊的指称失效，这个观点也仍然是成立的。即使结果表明珠穆朗玛峰和氢原子从未存在过，我也从来没有养过一条狗，我们仍然理解这些话语是作为依赖于一个外部实在存在的正常的可理解的话语。我们甚至要说："即使没有珠穆朗玛峰、没有氢原子、没有塞尔的狗，**外部实在论**仍然是这样的：没有珠穆朗玛峰，没有氢原子，没有狗。"但是以这种方式说外部实在论是错误的，因为这种说法看起来好像每一种话语都包含着对某种特殊实体的被隐藏的指称，这一实体是带有大写字母 E 和 R 的被叫作"外部实在"的东西。这恰恰是我们所不同意的说法。相反，我们应当这样说：公共语言的许多（不是一切）话语旨在指涉一种本体论上客观的现象，这些话语把如此这般的特征归于这些现象，在这个意义上说，一种公共语言预设了一个公共世界。那么，为了使我们能够理解这些话语是有这些真值条件的——这些现象存在并且具有这些特征——我们必须把不依赖于我们表征的世界的存在方式作为不言而喻的东西。而这种要求恰恰就是外部实在论的要求。当前讨论得出的结论就是，试图以一种公共的语言进行交流就需要我们预设一个公共世界。而这里所说的“公共的”意思就要求公共的实在不依赖于对这个实在的**表征**而独立存在。

在理解这种话语时，关键不在于我们必须预设特殊的指称对象的存在，例如，珠穆朗玛峰、氢原子或狗。即使结果表明所有这些特殊的指称对象从未存在，可理解性的条件仍然保持不变。珠穆朗玛峰的存在是这个陈述的一个真值条件。但是，事物在世界中不依赖于我们的表征而存在，这不是一种真值条件而是这样一些陈述所具有的以可理解性为形式的条件。

这种观点不是认识论的观点。它是有关可理解性条件而不是有关知识条件的观点，不论我们的陈述是已知的还是未知的，是真的还是假的，甚至所指的对象据称是存在还是不存在，这一观点都是适用的。这一观点只是认为，当我们理解我们一直在思考的那种话语时，我们把它理解为预设了一个公共可理解的实在为前提。

还有另外一种方法可以得出同样的结论。任何真的论断都预设了事物与该论断的内容相关的方式。对于数学陈述，例如：

2+2=4

或者像有关个人经验的陈述，例如：

我感到疼痛。

这一观点与有关山峰、狗和电子的陈述一样都是成立的。对后面这种陈述来说，特殊之处在于这些陈述旨在表示公共可理解的现象，在这些例子中，是公共可理解的物理的对象。但是对于这些事例来说，我们不仅预设了有一种不依赖于我们的表征而存在的事物存在方式，而且**预设了存在一种公共可接受的（即本体论上客观的）领域，作为事物存在的方式**。但是，预设不依赖于心灵的实在就已经包含了预设不依赖于表征的实在，而这种预设正是外部实在论。如此解释的外部实在论是一种纯粹形式上的强制。它并不表示事物是怎样的，而只是表示事物不依赖于我们的表征而存在的方式。至此，可以把这个论证总括为如下几个步骤：

1. 在公共语言中对话语的正常理解要求这种话语都能以**同样的方式**被任何够格的说和听这种语言的人所理解。

2. 有一大类话语旨在述及现象，这种现象存在于说和听这种话语的人之外，不依赖于说者和听者以及他们的表征，在某些情况下，不依赖于一切表征而独立存在。

3. 上述特征 1 和特征 2 要求我们把许多这些句子的话语理解为存有不依赖于我们的表征的真值条件。由于这些话语旨在述及**公共的现象**——本体论上客观的现象而不仅仅是认识论上客观的现象，因而我们便预设了这些陈述的真和假是由世界是怎样的来决定的，而不依赖于我们如何表征它。

4. 但是这种预设就等于承认存在着独立于我们表征的事物的存在方式，而这种论断正是（某种形式的）外部实在论。

还有最后一种了解这一观点的方法——也许是最简单的方法，就是使用无情性的自然力：把一个明确否定背景条件的陈述变成语言行为本身，看一看会发生什么情况。例如，看一看它与正常的真值条件的否定有什么不同。

如果我说：

珠穆朗玛峰的峰顶附近有雪和冰并且在珠穆朗玛峰上没有雪。

我所说的话是自相矛盾的，因为第一个句子必然包含对第二个句子的否定。但是如果我说：

珠穆朗玛峰的峰顶附近有雪和冰并且外部实在从来没有存在过。

我所说的话确实是令人困惑的。我们不知道如何以正常的方式理解它，因为第二个句子并不直接与第一个句子相矛盾，但它否定了正常理解第一个句子的不言而喻的条件。

贝克莱和其他唯心主义者也认同此类观点。贝克莱认为，他的观点中有一个问题，即如果每个人说话时都只涉及自己的观念，那么就有一个关于人们怎样能够实现与其他人交流的问题。贝克莱的回答是，上帝保证人们得以成功地交流。我相信无论贝克莱和我都会同意，这并不是我所说的正常理解的情况。当我说“雪是白的”“我的狗有跳蚤”时，通常不会把我看作是仰仗上帝的，因为即使是无神论者也能够以公共语言进行交流。贝克莱认为抛弃外部实在论的代价就是要抛弃正常的理解，而他情愿付出这个代价。有一种对当前某些反对实在论的人的批评意见是，认为他们想要不付任何代价地抛弃外部实在论。抛弃外部实在论的代价就是抛弃正常的理解。如果有人想要抛弃正常的理解，那么他就有责任向我们说明何种理解是可能的。

## 无情性实在与社会建构的实在之间的区别

我的论证尚未完成。在此之前我所作的论证如果是有效的，那么这是对现象论的唯心主义的回答，还不是对社会建构论的回答。在此之前的论证表明的是，对于一大类话语来说，其中每一个个别话语的可理解性都需要有一个公共可理解的实在。我还进一步把这种实在描述为不依赖于表征的。但是，这里仍然有意义不够明确的地方。谈论货币和婚姻也是谈论一种公共可理解的实在，这张 20 美元的钞票或萨姆和莎莉之间的这桩婚姻都是不依赖于我或你对它的表征的，在这个意义上说这种现象是“不依赖于表征的”。毕竟，关于货币的陈述符合下述条件，即存在着不依赖于语言行为使这些条件满足与否的事实，例如，“你欠我 5 美元”就预设一个独立存在的实在，就像“珠穆朗玛峰的峰顶附近有雪和冰”预设独立存在的实在一样。但是婚姻和货币并不像山峰和原子那样不依赖于一切表征而独立存在，这种区别需要明确地加以说明。在此之前的论证可以解释为承认整个实在都是社会建构起来的实在，例如货币。关于货币的事实在认识论上可以是客观的，即使货币的存在是社会地建构起来的，而在一定程度上，它在本体论上是主观的。

为了完成这个论证，我们需要指出，有些语言行为指涉的是它们自身之外的实在，在这类语言行为中还有一个子类，对它的正常理解需要一个不依赖于**一切**表征的实在。表明这一点的最简单的方法是，指出社会地建构起来的实在要以不依赖于一切社会建构的实在为前提，因为必须有某种东西使社会建构的实在得以从中建构出来。例如，要构成货币、财产和语言就必须有金属片、纸张、土地、声音、记号之类的原材料。反之，这些原材料不可能离开某种更本原的原材料而被社会地建构出来。直到最后，我们达到不依赖于一切表征的无情性物理现象的岩基。社会地建构出来的实在其在本体论上的主观性需要本体论上客观的实在并从中建构出来。在本节，我们要对前一节的先验的论证——一种公共的语言预设一个公共的世界——加上一种先验的论证，即社会建构出来的实在预设一个非社会建构的实在为前提。

论证到现在，我希望这一观点是明晰的。在某种意义上，本书的主要目的就是要详细阐明这一点。由于创造社会建构的实在的逻辑形式就是X在C中算作Y这种结构的迭代，因而这种迭代必须建立在本身不是制度性建构的X要素的基底上。否则，我们就会产生无限后退或无限循环。本书主要论证的逻辑结论就是你不可能离开无情性事实而形成制度性事实。

在总结实在论的讨论时，我还要指出，我们正常理解无情性物理事实的陈述和制度性事实的陈述所需的条件之间是有差别的。为了表明有这样一类语言行为，即这类行为为其可理解性预设超越一切表征的实在为必要前提，让我们再次使用“无情性自然力”，并且看一看把否定条件的反事实假设加到这种表征本身中的结果。例如我们考虑这样的论断：

1. 珠穆朗玛峰的峰顶附近有雪和冰。

以及它的否定

2. 事实并非是珠穆朗玛峰的峰顶附近有雪和冰。

我将论证，论断1和论断2所表示的语言行为旨在陈述“本体论上客观的”事实，因而在我曾试图解释过的意义上是“不依赖于表征的”。在这方面，上述两个论断不同于以下论断：

3. 你欠我5美元。

以及它的否定

4. 事实并非是你欠我5美元。

如果我们把反事实的假设加到这两个论断上，表示如下：

A. 除了不存在那些表征以外，在与我们的世界同样的世界中，珠穆朗玛峰的峰顶附近有雪和冰。

以及

B. 除了不存在那些表征以外，在与我们的世界同样的世界中，事实并非是在珠穆朗玛峰的峰顶附近有雪和冰。

请注意，按照我们通常的、朴素的、直观的理解，在论断A和论断B中，前件的假设并不影响我们对整个陈述的理解，这可以通过下面这个事实表明，即否定了后件对保持这种陈述的地位不受影响。A和B的真假完全取决于珠穆朗玛峰的峰顶附近有没有雪和冰存在，而珠穆朗玛峰的峰顶附近有没有雪和冰存在丝毫不依赖于人的存在或其他类型的表征的存在。

但是把这两个实例与下面的实例相对比：

C. 除了不存在那些表征以外，在与我们的世界相同的世界中，你欠我5美元。

以及

D. 除了不存在那些表征以外，在与我们的世界相同的世界中，事实并非是你欠我5美元。

这边的A和B与另一边的C和D这两者之间存在着一个关键性的区别。按照我们的正常理解，A和B不受反事实假设的任何影响，我们的理解是相同的，而它们的真假完全依赖于珠穆朗玛峰的峰顶附近是否有雪和冰存在。但是C就如同说“珠穆朗玛峰有雪而外部世界决不存在”一样令人感到困惑甚至自相矛盾。因为你欠我钱的可能性条件就是人们之间的某种规则、实践和制度的存在。可以表明这一点的事实就是，如果我们否定C的后件，就会得出D。如果我们真的能够理解这个结果，我们就必须把它理解为毫无意义的废话：在一个没有任何表征的世界中，任何人都不可能欠其他任何人任何东西。如果在一个没有任何人说过或者想到过任何东西的世界中说你欠我钱，就如同在一个根本不存在棒球的世界中说你在棒球冠军联赛中的第三局获得安打而进到左中外野一样。

总的来说，我所作的论断就是：任何陈述都是一种表征，因而要被理解为一种陈述就必须被理解为一种表征。陈述1、2、3和4都具有这一特征。但是陈述1、2和陈述3、4之间存在区别。陈述1和陈述2旨在表示世界不依赖于心灵的特征；因而并不需要在世界中有表征的存在作为对这些陈述正常理解的部分条件；另一方面，陈述3和4旨在表示依赖于表征的世界特征，因而的确需要表征的存在作为对它们正常理解的部分条件。你可以把陈述1、2、3和4放在表示不存在任何表征的反事实假设的句子A、B、C和D中来思考对这些句子的正常理解，这样你就可以了解这一点。如此，按照我们的正常理解，陈述1和2的真值不受影响，而陈述3和4的真值则一定受到影响。按照这种反事实假设，陈述3成了自相诋毁并几乎是自相矛盾的；陈述4，如果是可理解的话，也就成了毫无意义的真话。因此，按照我们的正常理解，关于货币的陈述需要有表征的存在作为它们可正常理解的部分条件，关于山峰的陈述则完全没有这种要求。

因此，结论就是，在正常理解中，外部实在论的预设和人的表征的存在的预设两者的作用是不同的。对谈论货币的话语和谈论山峰的话语的正常理解都需要外部实在论，但是对谈论货币的话语的正常理解要预设表征的存在为前提，而对谈论山峰的话语的正常理解则不需要预设表征的存在。货币被理解为社会地建构出来的，而山峰则不能被理解为社会地建构出来的。

## 前面所述的论点的长处和局限

本章的目的就是要表明我们的日常语言活动要以预设外部实在论为前提，正如第七章的目的是要表明某些反对这种预设前提的论点是不能成立的。现在我要说明，在这一部分通过“先验的论证”证明了什么，没有证明什么。

1. 我没有证明外部实在论是真的。我力图表明，很大范围的公共语言的使用要预设外部实在论。在我所举的各种语言行为的例子中，如果你使自己以正常的方式与其他人进行交流，那么你就承诺了外部实在论。我并不是表明那儿有一个实在的世界，而只是表明当你与我或其他任何人交谈时你要承诺这个实在世界的存在。

2. 相反的另一种观点就是唯我论。这种观点认为我的精神状态是唯一存在的东西。我没有驳斥唯我论，即我没有驳斥对我的唯我论。只是请记住：你的唯我论直接被我驳斥；我的唯我论——假定你存在——直接被你驳斥。

3. 我并没有表明，我们都有一种对实在论的信念，或者对实在论信念的承诺。相反，实在论是背景的一部分；使背景起作用根本不是任何意向状态的问题。理解背景的关键之一就是：我们可以承诺一个命题为真而没有关于这个命题的任何信念、思想、设想、假设或其他“命题态度”。把某种东西视为理所当然并不需要命名一种心理状态。我们是前理论地把外部实在论当作理所当然的东西，正因为如此，外部实在论无须是一种信念，而是先于信念。

4. 这一论点与认识论并没有任何关系。我并不是说，为了**认识**我们的论断的**真理性**我们必须预设实在论为前提。我的论点完全不依赖于知识问题甚至也不依赖于真理问题。按照我的看法，谬误和真理同样需要实在世界的存在。重复一遍，这种论断是关于**可理解性**的条件而不是关于**知识**的条件。[1]

---

[1] 在攻击实在论时，普特南把实在论描述为“真理应该是根本上非认识性的”这种观点。参见他的 *Meaning and the Moral Sciences*（London：Routledge & Kegan Paul，1978），p.125。但是实在论认为**实在**在根本上是非认识性的。如果结果是“真理”这个概念在根本上是非认识性的，那么我们就必须直接使用另外一个概念，如果我必须用一个非认识性的词来描述，那就是我们的陈述与根本上非认识性的实在世界之间的符合。

5. 这个论断只适用于正常理解的话语。众所周知，对于量子力学或集合论悖论并没有正常的理解。量子力学的解释上的争论至少部分地是企图提供对这些论断的正常理解。并非每一个关于世界的命题都有一个正常理解。

6. 并不存在关于正常理解的自行保证。有时我们由于新的发现而不得不修改我们的正常理解。关于颜色的陈述就发生过这种修改。在前理论时期，我们把颜色看作是对象的内在固有特征，但是物理学告诉我们，就颜色来说，对象的唯一内在特征就是它以不同方式散射和吸收不同波长的光。这些光或物质的相互作用被我们的神经系统所感受，并产生了我们把它解释为颜色的经验。在这种情况下，我们用另一种正常理解代替前一种正常理解。但是请注意，这种代替的（假定是正确的）正常理解像前一种（假定是错误的）正常理解一样都以预设外部实在论为前提。粗略地说：发现颜色本身不是外部世界的组成部分并不影响我们关于外部世界存在的预设，因为我们仍然要依靠外部世界对颜色的主观假象作后备说明。跟这种情况类似的看法也可以用来说明坚固性。企图求助于科学史来驳倒外部实在论的结果是注定要失败的，因为科学史是代替错误的正常理解的历史，在那里表面上是本体论上客观的现象被表明实际上是主观的，这是由被想象为实际上是客观的现象来说明的。

7. 如果我的论点是正确的，那么，它将有助于解释在面对证明实在世界的存在这样一些要求时我们所处的困境，并且有助于说明现在的证明是不充分的。我认为，我的论点起到了这种作用。一旦我们开始与我们的对话者进行交谈，我们就已经预设了实在世界的存在，我们在对证明感到为难时，就已经预设了我们企图证明的东西。

我以对下面这个问题的回答来总结本章：为什么这个问题是重

要的呢？它有什么重要关系？总之，正如维特根斯坦曾说过的那样，有可能把实在论和反实在论、唯心论和唯物论之间这些大的争论解释为只是许许多多的标语口号而已。反实在论者仍然要去找一个机械师来修理他的车子并且要去刷牙，就好像他相信这些都是外部世界中的各种对象一样。所以一个人说他是一个实在论者或是反实在论者，这有什么关系呢？

我真的认为许多哲学理论对于我们生活的各个方面都有重要关系。据我观察，反对实在论——否定本体论的客观性——就是攻击认识的客观性、合理性、真理性以及当代智力生活中的智能的一个根本因素。各种各样的语言理论、文学理论甚至教育理论力图削弱传统的真理、认识的客观性、合理性概念的基础，都密切地依赖于反对外部实在论的论点，这不是偶然的。反对非理性主义的第一步——不是唯一的一步而是第一步——就是要驳斥反外部实在论的论点，并且把外部实在论作为广大话语领域的预设前提而加以维护。

# 第九章 真理与符合

我是通过研究使我们关于社会实在的陈述为真的那些事实的情况而着手研究社会实在的性质的。为了证明这个程序的合理性，作为哲学的一件最终的家务事，我将在这一章中对真理与事实相符合这个观念进行辩护。在前面几章我提出了有关这是一张 5 美元钞票或我是一个美国公民这样一些事实的性质和结构的问题。如果怀疑论反对事实存在或反对真陈述与事实相符合的论点是真正有效的话，那么我在这一方面的论述至少就需要重新修改。我对社会实在的观点在逻辑上并不需要真理符合论——某个人可以否定符合论而仍然接受我的分析——但是，事实上我所持有的整个图像是通过外部实在论的方式从符合论进行到社会实在的结构，现在我就来具体说明这一图像。

我承认，如果要对真理、事实和符合进行充分完全的分析，所需篇幅远比我在这里所提供的大得多，但是我在这里不是为了提供全面分析而是为了一个有限的目的。我的目的是要论证（一种形式的）符合论是研究社会事实的方法论工具。然而，即使要做到这一点，我也必须提供可以（附带某些条件地）称之为真理论的论述，这就需要我对一些对立的理论作出回答。

本章有三个部分：第一，我陈述了与事实符合的直观的真理观念；第二，我对斯特劳森以及其他哲学家提出的反对这一理论的一套看法进行评述；第三，我对真理、事实、符合和去引号论之间的关系提供了全面的解释，并以此回答斯特劳森的批评意见；最后，在本章的结尾，我对反对符合论的“弹弓”论点作了回答。

## 作为符合论的直观的真理观念

一般说来，陈述是指试图描述不依赖于这种陈述而存在于世界上的事物的情况。[1] 这些陈述是真是假取决于世界上的事物是否同陈述的事物一致。简言之，真理就是某种语言表征的确切性问题。例如，关于氢原子有一个电子的陈述，或者地球距离太阳 9300 万英里的陈述，或我的狗现在在厨房里的陈述，其真假取决于氢原子、太阳系以及家里的狗的行动路线这样一些事物的情况同陈述的情况是不是一致。按照这样的解释，真理性可以有不同的程度。例如，关于太阳的那个陈述只是**大体正确**。

这种观念的某些形式被称为真理符合论。它常常表示为对“真”作这样的说明：

**一个陈述是真的，当且仅当它符合于事实**。

但是，如果这被认为是对“真”的解释，那么就还必须告诉我们更多一点关于“符合”和“事实”所意指的东西。我相信，开始

[1] 我必须说“一般地”，因为比如说有些陈述是自指的，如“这个句子是英语句子”（This sentence is in English）。

理解这些概念的最好方法是从研究一个常常被认为是**反对**符合论的观念着手。这一观念就是：人们常常说任何对真理的说明都必须满足下面的条件，即对于任何句子 s，

s 是真的，当且仅当 p

这里我们用某种具体叙述的句子加上引号例如“雪是白的”代入“s”，并用句子本身代入“p”。这样上面的公式就会被替换为：

“雪是白的”是真的，当且仅当雪是白的。

这种真理标准有时被称为“去引号”标准，因为在左边的带引号的句子去掉引号后出现在右边。[1] 这种替换的实例就被称为“T 句子”。这种去引号标准在涉及例如“我感到饿”这样的指示性句子时就需要作某些修改。追求语言纯正的人就要在句子、陈述和命题之间作出仔细的区分——在上述的去引号标准中并无明显的区分。此外，为了顾及这样一种真理，我们还需要修改去引号标准，这种在元语言（metalanguage）中的真理被认为是某种对象语言中的句子，而这种对象语言并不包括在元语言中。例如，

在德语中“Schnee ist wei β ”是真的，当且仅当雪是白的。

但是作出些修改来解决这些问题是可能的。例如对于像“我感到饿”这样的指示性句子，我们可以说，

说话人 S 在时间 t 说“我感到饿”是真的，当且仅当 S 在 t 感到饿。

在元语言不包括对象语言的情况下，我们可以说右边的句子必须是左边加引号的句子的同一个命题的翻译或表达。而句子、陈述和命题之间的区别可以保留在去引号标准的框架之内。所以，出于

[1] 这与塔尔斯基（Tarski）的 T 约定有联系，但不等同。参见 Alfred Tarski，“Der Wahrheitsbegriff in den formalisierten Sprachen”，*Studia Philosophica*（1935），pp.261—405；在阿尔弗雷德·塔尔斯基的《逻辑，语义学和元数学》中翻译为“形式化语言中的真理概念（The Concept of Truth in Formalized Languages）。参见 Alfred Tarski，*Logic*，*Semantics*，*Metamathematics*（Oxford：Clarendon Press，1956）。

论证的需要，我将略去指示性语句，并且除了对于论证是必不可少的以外，也略去这些区别。

在我们举的例子里，左边加引号的句子（“雪是白的”）规定了一个展示出来的句子，而右边则规定了如果这个句子是真的必须要满足的条件。它规定了**由于该条件**这个句子是真的或者——等于是一回事——**该条件使得这个句子是真的**，如果它是真的，而它只是通过重复同样的句子而使之成真。这就使得去引号标准似乎显得没有意义。但是就我们现在的目的来说，去引号标准中至少包含两个重要的观念：第一，句子由于满足了在它之外的条件才成为真的；第二，在大多数情况下，我们可以只是通过重复这个句子来规定使该句为真的条件。

我们需要用一个名词或名词词组来表示所有使句子为真的条件。在T语句右边所规定的所有真值条件，如果它们是真的，便使这些句子据以为真。“事实”这个词——以及有些用法中的“情境”和“情况”——便成了表示真值条件的一般词语，而“符合”就是表示使句子因事实而得以成真的各种不同方式的一般词语。**按照一种自然的解释，真理的去引号标准与对“事实”“符合”这些概念的恰当理解一起便意指真理的符合论，因为如果T语句左边带引号的句子的确是真的，那么它就必须符合T语句右边所陈述的事实**。本章的部分目的就是对这种“恰当的理解”加以解释。

如果像我说过的那样，符合论隐含在去引号标准中，我们就应当能够把这种隐含的内容指示出来。我在下面将要通过各种步骤进行论证，但在这里先提出预备性的说明。

1. 设定去引号

对于任何s，s是真的当且仅当p。

2. 如果对以上公式中的“s”和“p”给予适当的代入，那么T

语句的右边便规定了当且仅当在左边规定的句子为真时所要满足的条件。

3. 我们需要一个一般的名称来表示那些如果得到满足的条件，而这个名称除了其他名称以外就是“事实”。

4. 我们需要一个动词来表示这样一些方式，通过这些方式，在语句为真时，语句便以某种使其为真的方式而与事实相关；在众多的动词之中，这个动词就是“符合”(correspond)。

5. 通过这样一些理解，我们便从去引号标准得到一种符合论。

对于任何 s，s 是真的当且仅当 s 符合事实 p。

我应当直截了当地指出，符合论并不是企图不用其他语义概念来定义“真”。如果把这种说明当作以非语义的词项对“真”的**定义**，那么它就会由于使用了“事实”和“符合”这样一些有语义含义的概念而导致循环。

我希望目前为止我所说的一切是清楚的，因为我认为它实际上是清楚的。然而，我必须告诉你，这些观点照常会遭到否定，而许多哲学家认为去引号标准是有点不利于符合论的。这个问题存在着深刻的哲学上的争论，原因我将在以后解释，我们有一股强烈的哲学上的冲动可能误解这些观点。下面我就着手讨论这些问题。

## 斯特劳森对符合论的责难

四十多年前，在奥斯汀和斯特劳森之间发生过一场著名的关于真理和事实的争论。[1] 总的来说，人们承认斯特劳森赢得了这场争

[1] J.L.Austin，“Truth”，and P.F.Strawson，“Truth”，*Proceedings of the Aristotelian Society* 34（1950）. Reprinted in Pitcher，ed.，*Truth*（Englewood Cliffs：N.J.：Prentice Hall，1964）.

论。斯特劳森的许多责难是针对奥斯汀的符合论的具体论点的，但也提出了可以用于批评其他形式的符合论的一般反对意见。他得出的结论认为，“符合论不是需要加以精确化，而是需要加以清除”[1]。他的看法并不认为，真陈述是符合于事实的陈述这样的说法是错误的，而是认为符合论在对“真”这个词和事实的性质的使用上给了我们一种错误的图像。它给予我们这样一种图像，即事实是种种复杂事物、事件或事物的集合，而“真理”则表示陈述与这些非语言的事物之间一种特殊的符合关系。他说：“麻烦在于把‘陈述与事实之间的符合’错误地表征为**事件、事物或事物的集合之间任何种类的关系**。”[2]

我的看法与斯特劳森说明的许多特征相一致。事实上，有好多年我相信他的说明提出了对符合论的决定性驳斥。随后，我将试图对它加以总结，并且用某些具有相同精神的新的思考来加强这种说明。然而，在下一节我将论证，斯特劳森的论点即使得到强化，也不能表明需要消除符合论。

符合论自然认为会有某种图像，而斯特劳森则争辩说，这种图像是错误的。这种图像就是，当我们断定一个陈述为真时，我们一方面有这个陈述，比如“猫在垫子上”；另一方面我们有这种复合的事物或事物的集合，即猫在垫子上这个事实。我们要断定真理，就要把陈述与事实进行比较来看一看它是不是真的相符合。按照这种看法，事实是各种复合的对象或事件，符合是陈述的各种要素与事实的各种要素之间一种匹配或图示关系。

从历史上看，真理符合论与意义的图像理论联系在一起并非偶然。意义的图像理论认为，句子之所以具有它们实际具有的意义是

[1] Strawson，in Pitcher，*Truth*，p.32.

[2] Ibid.，p.40，原文中的斜体部分。

由于它们是按照习惯形成的对事实的图像。对这种概念的经典陈述就是维特根斯坦的《逻辑哲学论》。[1]这种对符合论的看法有一些众所周知的问题。例如，即使把猫在垫子上这个事实设想为猫和垫子以及它们之间的关系的复合是合理的，那么如何看待猫不在垫子上的事实呢？或者对于不存在三个头的猫这个事实怎么看呢？或者如何去思考如果猫曾经在垫子上，那么狗就曾一定呆在厨房里这样的事实呢？罗素在给年轻的维特根斯坦的一封信里说："有否定性的事实吗？"维特根斯坦回答说："当然没有！"

由符合论产生的这种图像，即事实是复合的对象或事件，而真理由陈述的要素与事实的要素之间的一种匹配或同形同构组成，这一图像是荒谬的。我们一旦确认陈述和事实，就无须进一步去将它们加以比较，因为确认一个事实的唯一途径就是作出一个真的陈述。我们一旦回答了"什么样的事实？"这个问题我们就已经建立了真理，因为按照斯特劳森的看法，真陈述和事实并不是两个独立存在的东西，毋宁说，"事实是陈述（当它为真时）所陈述的东西，事实并不是与陈述相关的东西"[2]。事实并不是独立于语言而在世界中存在的事物，毋宁说，"事实"这个词如同"陈述"和"真"这些词本身一样具有构成它的某种词与世界相互关联的话语类型。简言之，事实不是语言之外的事物，事实已经具有构成它们的陈述和真理的观念，因为为了确定一个事实，我们就必须作出一个真的陈述。[3]

弗雷格（Frege）认为事实只是真命题。[4]真陈述或真命题与事实之间的内在逻辑联系使这一观点颇具吸引力。总之，赢和胜利之

[1]　Ludwig Wittgenstein，*Tractatus Logico-Philosophicus*（London：Routledge and Kegan Paul，1922）.

[2]　Strawson，in Pitcher，*Truth*，p.38.

[3]　Op.cit.，p.41.

[4]　"什么是事实？事实就是真的思想。"参见 Gottlob Frege，"The Thought"，in P.F.Strawson，ed.，*Philosophical Logic*（Oxford：Oxford University Press，1967），p.35。

间的内在逻辑联系表明，赢和胜利并不是两个独立的事件类型，而是说，一个人一旦赢了，他就取得胜利，因为胜利就是赢了。与此类似，我们能不能说，真陈述与事实之间的内在逻辑联系表明，真陈述和事实并不是**两种类型**的现象，而是说，一旦我们陈述得真，我们就陈述了事实，因为事实就是真陈述？但这是一个错误，而斯特劳森则避免了这个错误。他说："把'事实'和'真陈述'等同起来是错误的——但不是由于奥斯汀先生的原因，因为这两个表达式在语言中有不同的作用。"[1] 斯特劳森没有展开他的论点，但说事实只是真陈述无论如何都不可能是正确的，因为，比如说事实可以起原因的作用，而真陈述则不可能起这种作用。例如，"拿破仑没有发觉来自左侧攻击的危险，这个事实造成了他的失败"[2] 这样说是完全有意义的，而"拿破仑没有发觉来自左侧的攻击的危险这个真陈述造成了他的失败"这样说要么没有意义要么意指完全不同的东西。

但是斯特劳森的确坚持认为在事实和真陈述之间存在着一种内在关系，而这样一种内在关系达到如此密切的程度，以致不可能在两种独立的东西之间存在真正的符合关系。我们关于真正的关系陈述的模式类似于

西雅图在波特兰的北边。

要找出是不是存在这种关系，我们可以首先确认西雅图，然后确认波特兰，接着再看一看它们是不是有前者处于后者的北边这样的关系。但是我们不可能通过陈述与事实之间的所谓符合关系来做到这一点，因为为了确认这个事实，我们就必须已经陈述了这个相应的

[1] Strawson，in Pitcher，*Truth*，p.38.

[2] 这些陈述无疑可以以不提到事实的方式加以转述，但那样一来就不是这一要点了。这里所说的要点就是这些陈述可以以某种方式将原因的职能赋予不具有这种职能的陈述。

真陈述。这种事实与陈述的“关系”是内在的，正如由名词所指称的东西的特性就是它们是相应动词的内在的宾格。

猫在垫子上这个陈述符合猫在垫子上的事实

不应当以

西雅图在波特兰的北边

所体现的真正的关系模式来理解，而是应当以

萨姆赢得胜利

或

赛利打了一击

这样的拟似关系的内在宾格句的模式来理解。

在语法上，“事实”是“正确地陈述”的内在宾格，正如“胜利”是“赢得”的内在宾格，“一击”是“打”的内在宾格一样。在这两个实例中，句子的主语所表示的东西与直接对象所指称的拟似实体之间并没有真正的关系。

此外，如果符合论是正确的，那么似乎就应当得出，在我们确定了猫在垫子上这个事实和猫在垫子上这个陈述以后，要证明这个陈述是真的，我们还必须把这个陈述和该事实进行比较来发现该陈述真正和该事实相符合。但这种看法是荒谬的。我们一旦确认一个事实，我们就已经确认一个真陈述。总的来说，斯特劳森的结论不是认为“真陈述符合事实”这个陈述是错的，而是认为这个同语反复所产生的哲学理论是错的。具体地说，这种哲学理论作出了错误的论断，认为事实是非语言的东西，而真则表示语言的和非语言的东西之间的符合关系。

在下一节我将论证斯特劳森指出事实和真陈述之间的内在联系是正确的。但是，这并不表明事实在任何意义上都是语言性的东西，也不表明在真陈述和事实之间不存在符合关系。

# 真理、事实、去引号和符合

我想从指出现行文献中的一个奇怪特征着手。这些文献很少谈到“真”和“假”是用来描述某种成功与失败的评价性词语。这些词是用来评价陈述（和信念）在实现我称之为词（或心灵）对世界的适应方向上取得的成功或失败的。如果你不顾专业上的晦涩思辨而读了许多这样的文献，那么就会给你留下这样的问题：“怎么回事?”“如果真理就等于这些，那我们为什么要关心真理呢?”标准的说明并没有解释为什么真理与我们有多大的关系。我想提供一种说明，至少部分地解释为什么真理与我们有关。

在本章的第一节，我指出真理怎么能够被解释为去引号的真理标准的自然结果，从而简短地概括了真理符合论。按照这种符合论，陈述 p 是真的，当且仅当陈述 p 与事实相符合；按照去引号理论，对于用来构成陈述 p 的任何一个句子 s 来说，s 是真的，当且仅当 p。我提出，这两个真理标准在根本上是相同的，因为如果在 T 语句左边带引号的句子是真的，那么它是真的，因为它符合 T 语句右边所陈述的事实。

但并不是所有哲学家都赞成我对这个问题的看法。在许多人看来，这两个真理标准似乎并不总会产生相同的结果。去引号标准看起来使人感到“真”这个词似乎对原来的陈述并没有增加任何东西。说“猫在垫子上是真的”似乎就是用另一种方式说“猫在垫子上”，因而“真”这个词似乎是多余的说法。鉴于这个原因，去引号标准引起了“真理冗余论”。这种理论认为“真”这个词没有描述任何东西，是冗余的。有几位受到冗余论观点影响的哲学家指出，“真”并非**完全**冗余，因为我们还是需要它作为陈述去引号语句的无限集合的简略用语，例如对于“只有从真前提才能有效地推出真结论”这样的语句的简略说法。但是他们仍然坚持真理的消减论或真理的最低限度论，这种理论认为，实际上并没有“真”所表示的属性或关系。真理概念的全部内容是通过去引号所提供的。[1]第一个标准，即符合论标准，看起来似乎在两个独立的被确认的东西（陈述和事实）之间存在一种真正的关系，而“真”就描述了这种关系。去引号标准似乎包含着冗余论或者至少包含了消减论，而冗余论和消减论通常被认为是与符合论不一致的。我们在讨论斯特劳森观点时已经看到，在他的观点中包含着对符合论的非常严厉的批评。

因此，对于符合论的维护者来说，就有两个问题：第一个问题是，我们是不是能够构成一个与去引号标准相一致的实质性的符合论概念呢？我用“实质性概念”是指这样一种看法，即认为在世界上实际存在着非语言的事实和真的陈述，因为这些陈述实际上与这些事实处于一定关系之中，我们以种种不同的方式把这种关系描述为与事实相适合、相匹配、陈述或相符合的关系。第二个问题是，我们是不是能够回应斯特劳森对符合论的批评？

为了回答这些问题，我要对“真”和“事实”这种表达的日常用法以及它们怎样会演变成现在的意义进行一些一般的考察。我在这里的研究是维特根斯坦式的用语词进行语言游戏的活动，其目的是为了消除由于我们对这些语言游戏的误解而产生的错误的图像。以下几段叙述旨在作为对这些语词的用法可能是怎样演变而来的进行某种语源学的考察。

[1] 关于这些观点的例子，参见F.P.Ramsey，“Facts and Propositions”，*Proceedings of the Aristotelian Society* supp. vol.7（1927），reprinted in Pitcher，ed.，*Truth*；P.Horwich，*Truth*（Oxford：basil Blackwell，1990），and W.V.O.Quine，*Pursuit of Truth*，rev.ed.（Cambridge，Mass.：Harvard University Press，1992）。

“真”与“信任”“可信任的”具有相同的语源学词根，而所有这些词都来自印欧语的“deru”（“树”）这个词根，一般表示直立、正直和可靠。不仅存在真的陈述，而且有真的朋友（实在的或真诚的朋友）、真的情感（真挚地感受到的，不是伪装）、真的继承人（正当、合法的），正如有真北方、真鳟鱼（西部小河里的鳟鱼不是真的鳟鱼，那是一种红点鲑鱼）、砍得正确的刀子以及真实信徒。

这些各种各样的“真”的意思表明了家族相似性。如果真理与可信赖和可依靠具有某种一般的联系，那么，我们就要问：在何种条件下我们会发现一个陈述是可信赖的和可靠的呢？显然只有在这个陈述旨在表示这种意义时，也就是在它准确地陈述了事物本来的样子时，它才是可信赖的和可靠的。当这个陈述表示事物正是这样时，那么它是可靠的，当且仅当事物实际上就是这样。我们就是这样得到真理的去引号标准的。去引号标准给我们提供了一个与我们认为真理意指准确性、可靠性、可信赖性这种直观想法相一致的真理标准。亚里士多德说过，说出真理，就是指事情是什么就说它是什么，事情不是什么就说它不是什么。他的这种说法就明确地表达了这种观点。简言之，适用于表示陈述的“真”就是意指可信赖的评价性的词，而去引号就给我们提供了一个可信赖性的标准。

现在让我们来考察“事实”这个词。我们一定知道这个词是从拉丁文“factum”而来的，它是意指“做”或“做成”的动词“facere”的中性过去分词。因而，把三种语言成分结合起来，就可以说“factum”就是**所做的事情**，或者 fait accompli（**所完成的事情**）。但至此还没有说到它与真陈述的明显联系，下面就是这种联系。正如我们在把可信赖性的特征应用于陈述时，需要有一个一般性的词，即用“真”来表示这种特征，同样我们需要有一个一般性的词来表示使陈述成为可信赖的东西，表示使陈述据以成为可依赖的东西。如果猫在垫子上是真的，那么必定有某种使它得以为真的东西。去引号标准只是告诉我们，**每一实例中**使之得以为真的东西是什么。使猫在垫子上的陈述为真的东西正是猫在垫子上，以及如此等等使任何真陈述为真的东西，使草是绿的这个陈述为真的就是草是绿的，等等。**但是，我们还需一个表示所有这些使真陈述为真的东西的一般词语，表示使草是绿的、雪是白的、2+2=4 以及所有其他真陈述为真的一般词语。“事实”这个词就能够满足这种需要。**在英语中“事实”这个词通常（顺便提一下，确切地说是最近）意指真陈述据以为真的东西。斯特劳森认为我们为了确定一个事实，为了回答“什么样的事实”这个问题，就必须说出一个真陈述，他的这个看法之所以正确，原因就在这里。如果是要确定它们的本质，那么事实只能被陈述而不能被命名。

但是由此并不能得出这样的结论，即事实本质上是某种语言性的东西，事实是通过陈述的概念以某种方式构成了事实。相反，按照我所提出的理由，事实恰恰不是语言性的（当然，除了语言事实这类小而重要的事实以外），因为用“事实”这个概念的全部要义就是用一个表示在陈述之外，但又使该陈述为真或该陈述据以为真的东西的概念。由于这个原因，事实不是复合的对象，也不是语言性的东西，而是**条件**。具体地说，它们是满足陈述所表达的世界中的真值条件的条件。“条件”这个词具有通常的过程—结果两种含义；在这里是**要求**和**所要求的东西**两种含义。陈述规定了作为要求的真值条件，如果得到满足，那么在这个世界中就有某种东西作为所要求的事实。[1] 例如，猫在垫子上这个陈述表达了作为要求的真值条件。如果这个陈述是真的，那么在这个世界中就会有一种满足这个

[1]　对这一区别的更详尽的论述，参见 J.R.Searle，*Intentionality*（Cambridge and New York：Cambridge University Press，1983），p.13。

要求的条件，而这个条件就是猫在垫子上这个事实。因此，我们并没有也并不需要浓重的形而上学的“事实”概念。任何足以使陈述为真的东西就是事实。因而，没有三个头的猫这个事实同猫在垫子上这个事实是一样的。试想一下我在第七章所描述的由几个圆的对象构成的微型世界，在这个世界中没有猫存在是不是一个事实呢？当然是一个事实。这正是以另一种方式表达了这个微型世界满足了没有猫在其中存在这一条件。

由于事实和真陈述之间的确定的联系，在真理的符合论标准同去引号标准之间不可能存在矛盾。“事实”正是被定义为使陈述据以为真的东西，而去引号标准就提供了通过直接重复陈述使该陈述为真的**形式**。但是如果陈述是真的，那么重复它也就是表达这一事实。去引号标准告诉我们，“猫在垫子”上这一陈述是真的，当且仅当猫在垫子上。符合论标准告诉我们，“猫在垫子上”这一陈述是真的，当且仅当它符合于事实。但是什么样的事实呢？它如果是真的，所能符合的唯一事实就是猫在垫子上这一事实。但这恰恰就是去引号标准所得出的结果，因为那就是“猫在垫子上”这个陈述是真的，当且仅当猫在垫子上这个 T 语句的右边所述的事实。这也就是为什么说为了知道猫在垫子上是真的，我们必须做的全部事情就是确定猫在垫子上。我们并不需要**另外再**去确定猫在垫子上这个陈述符合猫在垫子上这个事实，因为当我们确定了猫在垫子上时就已经确定这种符合了。

记住这些关于“真”和“事实”的观点以后，让我们再把注意力转移到“符合”概念上来。在何种意义上（如果有意义的话）说真陈述**符合**事实呢？即使我们承认这些事实虽然必须用命题来指明，但这些事实仍然不是语言性的东西，那么对于符合概念而言是不是仍然有任何意义呢？我们怎样来回答斯特劳森在这点上提出的责难呢？

在实现适应具有词对世界的适应方向的表征时，我们需要一个一般的语词来评价是成功还是失败，在这些一般的词中特别重要的就是“真”和“假”。我们还需要一个一般性的词来表示当T语句左边指明的语句为真时右边所指明的东西，这个一般性的词就是“事实”。但是在语法上我们现在就需要有一个描述当陈述为真时这种陈述与事实之间的关系的动词。

陈述是真的，当且仅当这些陈述空位表示事实。

我们需要一个词来代替“空位表示”，这个词应当非常宽泛而又笼统，使得在所有使陈述为真的不同方式中，陈述能够空位表示事实。在英语中，有许多这样的动词，如“适合”“匹配”“描述”和“符合”。正如我们需要一个一般的词语来表示能够使陈述为真的所有不同的世界特征，同样我们也需要一个一般的词语来表示使真陈述得以准确地表达世界中的事物的状况，而“符合事实”正是这种一般的特征。“符合事实”正是表示陈述能够准确地表达事物的状况的多种不同方式的简略形式，而这个多种方式就是陈述的多种方式，或者更严格地说，是断定性语言行为的多种不同方式。而且我们还要承认陈述可以**近似地为真或大体上为真**这个事实。例如，地球距太阳9300万英里只是近似地为真。在这种情况下，陈述只是**近似地**适合或符合事实。

因此，符合论和去引号论二者都是对的，它们并没有任何冲突。符合论是平平常常地真，但是，它可能会误导我们，因为我们认为事物必定是种种物质对象的复合，而“符合”必须表示陈述和作为事实的复合事物之间的某种非常普遍的相似关系，或至少是某种同构关系。

我相信，斯特劳森认为符合论会产生一种错误的图像，这种看法是正确的。然而，这种错误的图像并不是得到恰当理解的符合论所导致的逻辑结果，毋宁说，这种图像是我们没有注意词和语句的实际用法而被它们的表面语法所误导的一个典型例子。它是一个由于不理解词的用法而产生迷惑的典型例子，它需要进行维特根斯坦式的哲学治疗。我们以为由于“事实”是一个名词，而名词是表示对象的名称，因而事实必定意味着某种同构性的东西。于是，我们就产生了对否定性事实、假设性事实等的困惑。但是我们一旦理解了所涉及的语词的逻辑，我们便知道事实并不是复合的对象，在真陈述的句法结构与事实的结构之间并没有必然的同构性。而且，我们还会了解，关于否定性、假设性事实并不存在问题。猫不在垫子上这个真陈述符合猫不在垫子上的事实。其余的怎么样呢？适用于否定性陈述的也适用于其他陈述。如果猫一直在垫子上，狗就必定一直在厨房里这个陈述如果是真的，那么，如果猫一直在垫子上，狗就必定一直在厨房里就必定是一个事实。对于每一个真陈述，都有一个与之相符合的事实，因为这些词就是这样定义的。

在整个讨论中要切记的最困难的事情就是，我们涉及一串同义反复以及它们所引出的关系。去引号论和符合论都是平平常常的同义反复的真，因而，任何冲突的现象都是从我们对它们的误解中产生的，正如符合论产生错误的图像是由于我们没有准确地理解这些词的实际用法，由于同样的原因，去引号论也产生了错误的图像。由去引号论产生的错误图像就是认为它根本没有真的属性：“雪是白的”是真的，当且仅当雪是白的；“草是绿的”是真的，当且仅当草是绿的，如此等等，每一个直陈式语句都是这样。按照这种观点，没有共同的真的属性，对于所有这些实例，都没有共同的东西。对于“雪是白的”和“草是绿的”这两个陈述来说，并没有使它们二者据以为真的共同的东西。

我希望人们注意到，这是多么惊人的违反直观的结果。说到其他各种形式的语词，例如“二”这种数词或者像“好”这种评价性语词，大多数哲学家认为，除了某种纯粹句法的约束以外，可能还有一些别的意义施加于这些词的运用。但是许多哲学家都愿意接受真理的冗余论或消减论的观点；他们断言，所有真陈述除了满足去引号标准以外都没有任何共同的性质。除了“真”这个词的使用必须满足去引号标准这种毫无装饰的最低限度的内容以外，真这个概念没有任何**内容**。它们必须满足这样的条件，即 s 是真的，当且仅当 p，这里我们用明确陈述的句子代入“s”而用**同样那个句子或某种翻译**代入“p”。

为什么任何人都会接受这样一种违反直觉的观点呢？按照去引号标准，左边所说的东西除了出现引号和“真的”这个词以外，看起来与右边所说的一样，冗余的假象完全是从这一事实产生的。所以，说“雪是白的”是真的正是以一种冗长多余的方式说“雪是白的”。相比另一个，前一个只是在语形上有所变化而语义内容并无改变。但是，它是得不出这个结论的。我们需要用语词来描述实现适合的陈述时的成功与失败，正如我们需要有语词来描述实现适合的命令时的成功与失败一样。这个表示陈述是否适合的词就是“真”和“假”；表示命令是否适合的词就是“服从”和“不服从”。陈述必须决定自身的真值条件，正如命令必须决定自身的服从条件一样。但是要表述陈述的真值条件我们只需要重复该陈述，而表述命令的服从条件我们并不重述这个命令。之所以有这种不同是由于对真值条件的**陈述**是一个陈述，但是对命令的服从条件的陈述就不是一个命令，它也是一个陈述。所以，冗余的假象的产生是由于对陈述的真值条件的陈述不同于对另一种语言行为的满足条件的陈述这个事实。我在下一节要对这个看法作进一步的阐述。

## 设计一种语言

我们可以用下面这个思想实验以另一种方式来说明同样的这些观点：假定你为还没有语言的人设计一种语言，那么，你要提出的是什么呢？我的意思是说，在你有了构造语句的句法，有了对量词和逻辑联结词的表达式，有了表示“狗”“猫”“红”“蓝”等的词以后，你会提出什么样的一般结构特征呢？那么，对于开始学这种语言的人你需要提出实行各种标准的语言行为的手段，例如陈述、问题、命令、许诺等。要做到这一点，你就需要用不同方式来标记命题内容和语言行为的以言行事力量（illocutionary force）之间的区别。就是说，你必须能够把“离开这个房间！”这个命令同“你要离开这个房间吗？”这个问题以及“你将离开这个房间。”这个预断加以区别。这是具有三种不同的以言行事力量的语言行为，但它们都包含着同样的命题内容，那就是：你将离开这个房间。

由于不同的以言行事力量把这个命题内容以不同的方式、不同的适应指向与实在世界相联系，你就需要用不同的语词来标记在实现命题与实在世界之间的适应过程中的成功与失败。因而，你需要一个标记命令**被服从或没有被服从**这个事实的语词。当被命令的人做了命令要求他做的事情时命令就得到服从，因为他被命令去做这件事，命令具有世界对语词的适应方向（world-to-word direction of fit），因为命令的部分要义就是使世界变得与这些语词相匹配。同样，当许诺者做了他许诺要做的事情，诺言就得到**遵守或实现**。因为他许诺去做这个事情。诺言也具有世界对语词的适应方向，因为诺言的部分要义就是力图使世界变得与诺言相匹配。

正如命令和诺言实现（或没有实现）命题内容与实在之间的适应，陈述也会实现（或没有实现）命题内容与实在之间的适应。但是陈述具有不同的适应方向，因为陈述的目的就是要使它的命题内容与一个独立的存在相一致，而不是改变实在使之与命题内容相一致。就陈述能够成功地（或不能成功地）与实在相一致来说，我们说陈述是**真的或假的**，我们可能设计的任何语言都需要有标记这些形式的成功或失败的语词。它需要有表示真和假的语词。

但是对于具有语词对世界的适应方向的陈述和具有世界对语词的适应方向的诺言和命令而言，对在实现适应的过程中语言行为的成功标准的陈述是不同的。对你将离开这个房间这个陈述的满足条件就是你将离开这个房间。对真值条件的陈述就是对该陈述的复述。这个结果，正如我们已经说过的，就是真理的去引号标准。对于任何一个陈述，要陈述满足条件或实现适应的成功条件，你只需要重述这个陈述。但是对于“离开这个房间！”这个命令的服从条件的陈述则不能以去引号这种形式来表述：离开房间！因为对命令的满足条件的陈述具有与命令本身不同的适应方向。要陈述命令的服从条件，你必须作出一种陈述，例如：

> 由一个说话人 S 对一个听话人 H 在时间 t 发出的命令 O“离开这房间！”得到服从，当且仅当 H 由于 O 在 t 离开了这房间。

因而，“真”看起来似乎是冗余的，正如“被服从”和“被遵守”看起来不是冗余的一样。但这是一个假象。在与陈述相一致的模型中，“真”和“假”是评价是否成功实现适应的关键性词语，正如在与命令相一致的方式中，“服从”和“不服从”是评价是否成功实现适应的关键性词语。

另外，我们还需要具有标记适应方向的另一方面，即世界方面的语词。对于命令和诺言来说，这是容易做到的。你需要表示构成服从命令、实现诺言等等各种**行为**的语词。行为并不需要命令和诺言存在，但命令和诺言却需要服从命令和遵守诺言的行为。但是在陈述的另一方面，一个表示行为的语词是不够的，甚至表示“对象”和“事件”的诸多语词也是不够的。为什么不够？因为对于成功实现适应的去引号标准来说，它要求通过使用适合于表达整个命题的句法形式来规定语词对世界的适应中的世界方面的条件。简言之，你需要一个表示“事实”的词。你需要一个表示陈述的非语言相关性的语词，使陈述据以为真或因以为真，而这个词必须采取适合于与陈述相匹配的句法的完整形式；它必须具有像“……的事实”这种形式，而在这里表示这个事实的正是该陈述的命题内容的表达。事实并不需要陈述才存在，但陈述则需要事实才能为真。

这样在你所发明的语言中你有了表示“真”“陈述”和“事实”的词。要是有一个能够描述它们之间关系的一般性动词就好了，这个动词对于所有特殊形式的陈述而言以及对于真陈述与事实相关的各种方式来说都是中性的。你在英语中可以找到的表示这种关系的尽可能一般和空泛的动词大概就是“符合”了，所以有一个与这个词相当的词是有用的，因而你就能够通过说出与下列语句相等的东西来表述这些概念之间的确定关系：

陈述是真的，当且仅当它们符合事实。

我相信这个思想实验虽然撇开了许多复杂的情况，但它描述了我们在使用“真”“陈述”和“事实”这些词时实际上所遇到的情况。

## 提要和结论

现在我要把这个讨论的各种线索集中到一起。我想概括上述讨论使之能够解释前面几章的某些方法论的特征。

1.“真”是评价陈述（以及像具有心灵对世界或语词对世界的适应方向的陈述这样的信念）的形容词。陈述被评价为真，如果这些陈述是值得信赖的，也就是如果这些陈述表征事物的方式就是事物实际存在的方式。

2. 可靠性标准是通过去引号提供的。这使得“真”看起来好像是多余的，但它并不是多余的。我们需要一个元语言的谓词来评估在实现语词对世界的适应方向中取得的成功，这个词就是“真的”。

3. 把“真”归于陈述并不是任意的。一般说来，陈述是依据并非陈述组成部分的世界中的条件而成为真的。陈述是由独立于陈述的世界中事物的实际情形使它为真的。我们需要表示世界中事物的实际情形的一般的词语，而“事实”就是这样一个语词。其他的词有“情形”和“情况”。

4. 由于陈述决定其自身的真值条件，又由于“事实”这个词是指陈述据以为真的东西，因而公认的规定事实的方式与规定陈述的方式相同，就是通过说出该陈述。这样的规定方式要求一个完整的句子。因此，陈述和事实二者都是用命题来规定的（“……的事实”和“……的陈述”），但是事实的性质并不由此而成为语言性的。

5. 由于事实的同一性依赖于事实同与之相符合的陈述所规定的东西相同的特定特征，与之相符合的陈述由于这种特征而成为真的，因此认为“事实 p”这个条件在用逻辑上等值的语句代入 p 时必定会保持指称的同一性这种看法是错误的。关于这一点的进一步讨论可以看本章的附录。

6. 代入同指称的表达会怎样呢？在某些情况下，代入同指称的表达可以保持事实的同一性。因为塔利等同于西塞罗，那么从直观上看，塔利是一位演说家这个事实就与西塞罗是一个演说家是同一个事实。为什么？因为正是世界上相同的情况使每一陈述为真，而“事实”就是被定义为使陈述为真的情况。

但是，一般说来，代入同指称的限定摹状词（definite description）并不产生对同一事实的指称。塔利是一位演说家这个事实与告发卡蒂兰的那个人是演说家这个事实是并不相同的事实。为什么？因为后一个事实需要有某个人告发了卡蒂兰方能存在，而前一个事实的存在则没有这样的要求。

7. 事实并不就是真陈述。可以有几种方式来证明这一点。这里举出两种证明方式：第一，说事实可起原因作用是有意义的，而说真陈述起原因作用则没有意义；第二，事实与陈述的关系是一对多的关系，因为同一事实可以用几个不同的陈述来表述。例如可以用“西塞罗是一位演说家”和“塔利是一位演说家”表述同一个事实。

8. 只要哪里有去引号，哪里就有描述或规定事实的不同方式。因此，“萨莉是萨姆的姐姐”这个真陈述符合萨莉是萨姆的姐姐这个事实。但是还有更多的事情要说，例如，萨莉是女的，萨莉和萨姆有相同的父母。许多哲学争论是有关事实的争论。一般说来，这些问题远远地超出了去引号的陈述。例如，颜色以及其他第二性质的哲学争论是关于事实的性质的争论，而这个对象是红的这样的论断则与该事实相符合，对这种事实的分析需要的远不只是去引号陈述。

9. 哲学中有一种（只有一种）方法是分析使陈述为真的事实的结构。在前几章我已力求对社会的和制度性的事实的结构作这样的分析。

## 附录：弹弓论题

还有另外一种反对真理符合论的论点，这种论点如果是有效的，那就会对符合论造成严重的损害。这个论点原来是由弗雷格提出的一个技术上合理的论点，被奎因（Quine）用来反对模态逻辑，最近被唐纳德·戴维森（Donald Davidson）重新用来反对符合论，它被称为“弹弓论题”（the slingshot argument）（也许是由于这样一个小小的论点竟能被用来驳斥像模态逻辑和真理符合论这样巨大的理论，犹如大卫杀死巨人歌利亚那样*）。通常这种论点以惊人的速度被陈述出来[1]，但是如果我们要探讨它的弱点，我们就要放慢速度考察它。

这个论点主要是要表明如果一个真陈述符合一个事实，那么它就符合任何一个事实。因而，符合的概念是完全空虚无意义的。如果有些陈述符合一个事物，那么所有真陈述都符合同一个事物。这一论点可以通过以下步骤来陈述。（我在括号里对每一步论证加上我自己的评论。）

**步骤 1　设定：雪是白的这个陈述符合雪是白的这个事实。**

这个陈述是符合论的代入的实例，这个论点的目的是将该陈述归于荒谬来驳倒符合论。

**步骤 2　设定：在诸如步骤 1 的语境中语句和单称词的出现是这样的：（a）在代入同指称的单称词时，整个陈述保持真值不变；（b）在代入逻辑上等值的语句时，整个陈述的真值保持不变。**

（没有任何论据表示这一点，看起来似乎不可能，后面我还要进一步论及。）

---

*　圣经所载，大卫杀死巨人歌利亚。——译者注

[1]　下面是戴维森的完整论述：

这些原则就是：如果一个陈述符合“事实 p”这种形式的表达所描述的事实，那么它就符合“事实 q”所描述的事实，如果：（1）代入“p”和“q”的句子是逻辑上等值的，或者（2）“p”与“q”的不同只在于其中的单称名词用一个同外延的单称词所代替。这个证明的论题就是这样的。假定“s”是某个真语句的缩格式。那么的确陈述 s 符合事实 s。但是我们可以用逻辑上等值的语句“（有一个 x（x 等同于第欧根尼并且 s）等同于（有一个 x（x 等同于第欧根尼））”代入第二个“s”。运用我们可以代入同外延的单称名词的原则，我们可以用“t”代替最后一个加引号语句中的“s”，只要“t”是真的。最后，把第一步倒过来我们便得出，陈述 s 符合事实 t，这里“s”和“t”是任何真语句。

参见 *Inquiries into Truth and Interpretation*（Oxford：Clarendon Press，1984），p.42。

**步骤 3　设定：语句（a）“雪是白的”逻辑上等值于语句（b）“有一个单独的 X（X 等同于第欧根尼）等同于有一个单独的 X（X 等同于第欧根尼并且雪是白的）。”**

[“逻辑上等值”是一个专门的术语。两个陈述在逻辑上是等值的，当且仅当它们在每一个模式中都有相同的真值。按照这个定义，就存在着一种关于限定模状词的语义学，按照这种语义学，(a) 和 (b) 是逻辑上等值的。]

**步骤 4　设定：语句“草是绿的”在逻辑上等值于下面这个语句：“有一个唯一的 X（X 等同于第欧根尼）等同于有一个唯一的 X（X 等同于第欧根尼并且草是绿的）。”**

(这正是像设定 3 一样。对设定 3 同样的意见也适用于这一设定。)

**步骤 5　设定：表达式“有一个唯一的 X（X 等同于第欧根尼并且雪是白的）”与表达式“有一个唯一的 X（X 等同于第欧根尼并且草是绿的）”指称相同的对象。**

现在来考虑上述这些设定，从步骤 1 我们可以推出：

**步骤 6　雪是白的这个陈述符合下面这个事实，即有一个唯一的 X（X 等同于第欧根尼）等同于有一个唯一的 X（X 等同于第欧根尼并且雪是白的）。**

(这是从 2b 所陈述的原则和步骤 3 所陈述的设定而得出的，步骤 2 允许代入逻辑上等值的语句，步骤 3 则设定两个语句是逻辑上等值的。)

依据 2b 中陈述的同指称的表达式可代入的原则以及步骤 5 中所陈述的相同指称，我们便从步骤 6 得到，

**步骤 7　雪是白的这个陈述符合这样一个事实，即有一个唯一的 X（X 等同于第欧根尼）等同于有一个唯一的 X（X 等同于第欧根尼并且草是绿的）。**

但是正好再退回去，代入步骤 4 所陈述的逻辑上等值的语句，并且再一次运用步骤 2 的（b）中所陈述的原则，便得到

**步骤 8　雪是白的这个陈述符合草是绿的这个事实。**

但是这个结果就会表明，对于任何两个真陈述，第一个真陈述符合第二个真陈述所陈述的事实。可以用任何两个真陈述来代替“雪是白的”和“草是绿的”表明任何真陈述都符合任何一切事实。因而，符合这个概念就是空洞的，真理符合论便由此而被拒斥。

我们从这个论点能够证明什么呢？我认为这个论点是令人难以置信的，这样一个论点最多只能表明它预设的前提是错误的。[1] 在这种情况下，在我看来，这个论点最多只能表明 2b 的设定是错误的，即在诸如步骤 1 的语境中可以代入逻辑上等值的语句而**保持真值不变**（salva veritate）。除了这个例子以外，2b 还具有违反直观的结果。例如，按照 2b 的假设从陈述（雪是白的）符合事实（雪是白的）这个事实便可得出陈述（雪是白的）符合事实（雪是白的并且 2+2=4）！在这种弹弓论题中，首先推出的一步，即步骤 6，是错误的，因为雪是白的这个陈述符合的不是有关第欧根尼的事实，第欧根尼以及他的同一性与谈到雪是白的这个事实完全无关。用简单的术语来说，从真陈述

1. 雪是白的这个陈述符合雪是白的这个事实，

我们不可能有效地推出

6. 雪是白的这个陈述符合下面这样一个事实，即有一个唯一的 X（X 等同于第欧根尼）等同于有一个唯一的 X（X 等同于第欧根尼并且雪是白的）。

[1] 对弹弓论题存在许多批评。我相信在精神上与我们看法最密切的批评意见是在 J. 巴沃斯和 J. 佩里的著作中，参见 J.Barwise and J.Perry，*Situations and Attitudes*（Cambridge，Mass.：MIT Press，1983）。

但是，有人可能提出反驳说，这难道不正是以待证的假定作论据吗？归根到底，争论之点不正是符合论是不是具有多余的逻辑结果吗？所以我们不能马上就拒斥这个所说的结果。我们可以通过第九章中我对事实以及对真理和符合所作的说明来回答这个责难。尽管这些词有很大的普遍性，但它们是平常的普通词语，它们的日常用法在任何依靠这种用法的哲学说明中必须得到重视。我已经论证了，与这一讨论有关的整个“事实”概念就是**使一个陈述为真的东西或一个陈述据以为真的东西的概念**。如果我的这个看法是正确的话，那么针对诸如步骤 1 的语句语境的任何一套逻辑约束（如 2b）必须尊重“事实”的这些意义特征，以及尊重“真”和“符合”的直观特征。依照我们通常的直观观念，造成雪是白的这个陈述为真的就是雪是白的这个事实。我相信，第欧根尼的自身等同（或者 2+2=4 这个事实）对于使雪是白的这个陈述为真没有任何关系。总之，必须尊重“事实”“真理”和“符合”的直观观念，这是任何说明真理和符合的恰当性的条件。弹弓论题恰恰没有这样做，因为它接受了违反日常的直观观念的——原则 2b。

关于以待证之论题作论据的指责应当拿来回敬自己（Tu quoque）。它以待证论题作论据反对符合论，它没有提供任何论据证明采取 2b 是适用的便认为应当遵从像 2b 这样的原则。如果像步骤 1 那样的语句代入逻辑上等值的语句会直接产生违反直观的结果，为什么我们还认为可以允许代入逻辑上等值的语句而保持真值不变呢？任何违背我们的直观的原则都需要对其合理性作大量的论证，而在这种论题的实例中却没有对违反直观的结果提供任何合理的论证。

另一种说明这一点的方法就是直接指出在代入逻辑上等值的语句时并不能保持种种**事实之间的同一性**。而

"陈述 a 符合事实 b"

这种语句形式允许在"符合"的右边代入像"事实 c"这样的名词短语而保持真值不变，只有在

事实 b 等同于事实 c

这种情况下才能作这样的代换。

但是，凭直觉就可看出，第欧根尼的例子没有保持这个条件。雪是白的这个事实与下面这个事实**并不是相同的事实**，即有一个唯一的 X（X 等同于第欧根尼）这一事实等同于有一个唯一的 X（X 等同于第欧根尼并且雪是白的）。如果我们对我们的直觉有任何怀疑，那么步骤 6 的明显违反直觉的性质就足以消除这种怀疑。因为步骤 1 是真的，而步骤 6 是假的，由此可知，这种推论是无效的。

重要的是要在这里指出，问题并不是关于"X 符合 Y"表面的不周延性。这种语境对于可以用相同指称的表达代入"X"和"Y"是完全周延的。问题在于"事实 b"这个表达式的不周延性。在代入逻辑上等值的语句时，这种表达式并不保持指称的同一性。为什么会保持同一性呢？为什么关于雪的这个同一个事实会等同于关于第欧根尼或其他任何人的事实呢？在谈论雪是白的这个事实的地方，第欧根尼与之毫无关系。凭直觉便可看出，认为这两个事实实际上相同的看法看来是根本不可成立的。

我得出的结论是：弹弓论题并没有驳倒符合论。

# 结 论

要理解我在本书中所论证的要点的隐含意思，其中一个方法就是，在我看来，我们倾向于在生物学与文化之间作出传统的对立正像身心之间的传统对立一样是错误的。正如心理状态是我们的高级神经系统的特征，因而心理的和物理的之间并无对立，心理的现象只是在比神经细胞更高的层次上描述大脑的一种物理特征。同样，在文化和生物之间也没有对立，文化是生物所采取的形式。在文化和生物之间不可能存在对立，即便存在对立，生物总会胜过文化。不同的文化是可以通过隐含的生物学结构显示出来的不同形式。但是，如果这种看法是正确的，那么就应当存在一种从生物的本体论到包括文化和制度形式的本体论的连续描述，不应当有任何根本的断裂。我所论证的论题认为并不存在根本的断裂，毫不奇怪，生物和文化之间的联系项是意识和意向性。文化所特有的东西是显示出集体的意向性，特别是集体地给那些仅仅靠其纯粹物理性特征不可能实现其功能的现象赋以功能。从美钞到大教堂，从足球比赛到民族国家，我们总是在事实超出了基础性物理实在的物理特征的地方看到新的社会事实。

然而，尽管从神经传导的化学物质［如塞瑞托宁（seretonine）和肾上腺素］到相信普鲁斯特是比巴尔扎克更优秀的小说家这样的心理状态的内容之间存在着连续性，但心理状态和其他物理现象的区别在于心理状态要么是有意识的，要么是潜在地有意识，凡是在没有进入意识的地方，至少原则上不存在心理状态。同样，虽然从鬣狗攻击狮子的集体行为到最高法院作出合乎宪法的决定的集体行为之间存在着连续性，但是制度性结构具有独特的特征，那就是符号表示的特征。使某种东西用符号表示——意指，或表达——某种超出自身之外的东西，这样一种生物性能力是一种基本的能力，不仅贯穿于语言之中而且也贯穿于所有其他形式的制度性实在之中。语言本身是一种制度性结构，因为它包含着把一种特殊的功能赋予与这种功能没有自然关系的无情性物理实在。某种声音或记号**算作**词和句子，而某种话语**算作**语言行为。这种行为者功能是以这样或那样的可能的语言行为的样式，**表征**世界中的对象和事物的状态。能够集体地这样做的行为者具有所有其他制度性结构的根本的先决条件：货币、财产、婚姻、政府以及大学等，所有这一切都以人们的同意这种形式而存在，它本质上包含符号化表示的能力。

**图书在版编目(CIP)数据**

社会实在的建构/(美)约翰・R.塞尔
(John R. Searle)著;李步楼译.—上海:上海人民
出版社,2021
书名原文:The Construction of Social Reality
ISBN 978-7-208-16510-6

Ⅰ.①社… Ⅱ.①约… ②李… Ⅲ.①社会行为学-
研究 Ⅳ.①C912.68

中国版本图书馆 CIP 数据核字(2020)第 098668 号

**责任编辑** 毛衍沁
**封面设计** 零创意文化

**社会实在的建构**
[美]约翰・R.塞尔 著
李步楼 译

**出　版** 上海人民出版社
(200001 上海福建中路 193 号)
**发　行** 上海人民出版社发行中心
**印　刷** 常熟市新骅印刷有限公司
**开　本** 635×965 1/16
**印　张** 14.25
**插　页** 2
**字　数** 166,000
**版　次** 2021 年 7 月第 1 版
**印　次** 2021 年 7 月第 1 次印刷
ISBN 978-7-208-16510-6/B・1480
**定　价** 65.00 元

**The Construction of Social Reality**

First Free Press Edition 1995



Chinese (Simplified Characters only) Trade Paperback